ÉCRIRE ET DIRE

Jérôme Garcin

ÉCRIRE ET DIRE

Entretiens avec Caroline Broué

ÉQUATEURS FRANCE CULTURE

Un livre édité par Jeanne Pham Tran.

ISBN : 978-2-3828-4697-1.

Dépôt légal : janvier 2024.

170 *bis*, boulevard du Montparnasse, 75014 Paris.

editions-des-equateurs@orange.fr

www.editionsdesequateurs.fr

Avant-propos

Je ne crois pas au hasard. Et si hasard il y a, il fait bien les choses. Lorsque Caroline Broué m'a proposé de me plier à l'exercice radiophonique et radiologique d'*À voix nue*, je venais de prendre la décision de rendre, avant l'heure, les rênes du *Masque et la Plume*, que j'animais avec bonheur depuis quelque trente-cinq ans. Et, en même temps, de cesser de diriger les pages culturelles de *L'Obs*, après avoir piloté celles de *L'Événement du jeudi* et de *L'Express*. Je voulais m'alléger. Me détacher. Me simplifier. Tourner une page, avec le désir impérieux d'en écrire davantage. Être fragile, sans plus m'obliger à me croire fort.

Cela n'allait pas, cela ne va pas sans une grande mélancolie. Depuis mes 19 ans, j'aime passionnément mon métier, son urgence, son exigence, et je vais devoir apprendre la patience, l'indulgence. Ne plus retrouver chaque semaine, à la tribune du *Masque*, mes éloquents complices, qui m'épatent, m'amusent, m'irritent, m'attendrissent, et tous ces spectateurs, dont la fidélité exemplaire et la protection rapprochée m'émeuvent, est un crève-cœur. Ne plus dessiner, près de la gare d'Austerlitz, le chemin de fer – comprenez : le déroulé – des pages culturelles de *L'Obs*, où mes amis donnent le meilleur d'eux-mêmes à des lecteurs qui croient encore aux vertus de l'écrit et à la beauté de l'art, est un serrement de cœur.

Et puis mettre un terme à sa vie professionnelle, c'est dire adieu à sa jeunesse, que la radio et les journaux avaient prolongée de manière abusive et merveilleuse, comme l'équitation vous donne l'illusion de n'avoir pas d'âge et vous offre parfois le privilège innocent de retomber en enfance. J'entre dans ce que Pascal Quignard appelle si bien *Le Dernier Royaume*. Le mien est peuplé d'êtres aimés, tapissé de livres sacrés, bercé nuit et jour par le *Ombra Mai Fu* de Haendel, ce chant d'amour du roi perse Xerxès pour un platane égyptien, que le contre-ténor Philippe Jaroussky élève à la hauteur des anges.

Cette série d'*À voix nue*, si finement préparée par la maïeuticienne Caroline Broué, que je remercie ici, a donc été enregistrée au bon moment. Moment de baisser le masque, de se mettre à nu et d'effectuer, le dos droit, un léger galop arrière dans la poussière du temps. Depuis la Thaïlande, où elle vit, lit, écrit et écoute France Culture, l'éditrice Jeanne Pham Tran a souhaité ensuite que cette conversation fût publiée. Je la remercie également et lui aurais volontiers emprunté le titre de son propre récit, *De rage et de lumière*, pour définir l'esprit de ces entretiens.

Jérôme Garcin.

Le syndrome de Garcin

CAROLINE BROUÉ. – *Jérôme Garcin, on connaît votre voix, puisque vous produisez et animez l'émission* Le Masque et la Plume *sur France Inter, tous les dimanches à 20 heures, et ce depuis 1989. On connaît aussi votre nom, puisque vous signez une chronique et des critiques littéraires dans* L'Obs, *dont vous dirigez les pages culturelles. Et on connaît enfin votre plume, puisque vous êtes l'auteur de nombreux livres : des récits et des biographies romancées ou des romans biographiques pour lesquels vous avez remporté des prix : le prix Médicis Essai en 1994 pour* Pour Jean Prévost, *le Grand prix de littérature Henri Gal de l'Institut de France en 2013 pour l'ensemble de votre œuvre ainsi que le prix des Deux Magots en 2020 pour* Le Dernier Hiver du Cid. *J'ai donc choisi d'intituler chacun des cinq temps de cette série avec le titre d'un de vos livres : d'abord,* Le Syndrome de Garcin *dans lequel nous parlerons de vos origines familiales paternelles et maternelles ; ensuite* Mes fragiles, *où nous reviendrons sur les drames successifs que vous avez connus enfant et adolescent en perdant votre frère et votre père ; puis* Perspectives cavalières *qui nous permettra d'évoquer votre rapport au cheval ;* Théâtre intime *où il sera question des figures dont vous avez fait des personnages de roman. Enfin,* Nos dimanches soir *où vous nous parlerez de votre métier de journaliste, mais aussi de l'écrit et de l'oral.*

Le Syndrome de Garcin *est en fait une découverte de votre grand-père, Raymond, dit « Papi », grand neurologue à la Pitié-Salpêtrière, et peintre à ses heures…*

JÉRÔME GARCIN. – D'abord, pour en revenir au titre de ce livre, *Le Syndrome de Garcin*, je signale que mes aïeux médecins, sur sept générations, ont donné leur nom à des syndromes divers et variés, parmi lesquels le Guillain-Barré (Guillain était mon arrière-grand-père) ou encore le Chauffard-

Minkowski (Chauffard était mon arrière-arrière-grand-père). Ce syndrome de Garcin est, je ne la souhaite à personne, une paralysie unilatérale progressive des nerfs crâniens. Raymond Garcin, mon grand-père, était en effet un très grand neurologue, professeur à la Salpêtrière, où il a fait des découvertes fondamentales et formé des générations de disciples. Mais ce qui me touche le plus chez celui que j'appelais en effet « Papi » et que ses élèves appelaient « Monsieur Garcin », c'est l'idée, bienveillante, à la fois exigeante et modeste, sensible et douce, qu'il se faisait de son métier et la manière sacerdotale dont il l'exerçait. Dans son service, il avait coutume de répéter à ses internes : « Écoutez vos malades, ce sont vos seuls maîtres. » Et il pensait qu'être neurologue, c'est en premier lieu pratiquer une médecine clinique, c'est-à-dire aller au chevet du patient, le toucher, l'écouter, lui parler, en même temps le soigner et le réconforter. Dans l'amphithéâtre de la Salpêtrière, où se déroulaient ses grandes consultations, il auscultait d'ailleurs les malades avec les instruments les plus ordinaires, les moins effrayants : une épingle à nourrice, un diapason, un bout de coton, des tubes chaud et froid. Il lui arrivait de trouver des tumeurs et des syndromes cérébelleux uniquement par une approche tactile. Il caressait le mal, comme s'il voulait l'atténuer. Selon lui, les examens complémentaires ne devaient jamais précéder le geste clinique, un geste simple et ancestral dont je crains qu'il ne devienne bientôt révolu... Il suppliait ses élèves de ne pas « succomber au vertige des concepts ni au fétichisme des électrodes ». Et il aimait citer ce mot magnifique du prix Nobel de médecine Charles Nicolle : à un médecin désemparé par l'abattement de son malade, ne sachant plus quoi faire, et qui lui demandait conseil, Charles Nicolle avait répondu : « Mais lui avez-vous pris la main, au moins ? » Cela résume exactement l'exercice de la médecine selon mon grand-père Garcin qui, d'instinct, et même professionnellement, avait besoin de prendre la main de ses patients. Quand *Le Syndrome de Garcin* a paru, j'ai reçu beaucoup de témoignages d'internes formés par Raymond Garcin, mais aussi beaucoup de messages de médecins eux-mêmes malades et hospitalisés, qui m'écrivaient : « Ce monde médical que vous racontez, ces médecins que vous décrivez, je rêverais aujourd'hui qu'ils soient à mon chevet, dans cette chambre d'hôpital, pour me prendre la main. » Désormais, la médecine moderne est en 3 D. On juge normal, et presque légitime, d'ausculter à distance et en visio un malade. Mon grand-père Garcin est mort en 1971, en même temps que sa pratique médicale s'éteignait et laissait toute la place à l'imagerie. Raymond Garcin était un scientifique humaniste. Comme mon grand-père maternel, le pédopsychiatre Clément Launay, il avait préparé médecine en faisant ce qu'on appelait alors « les Humanités » – je trouve ce mot très beau, très haut, mais il a disparu. D'ailleurs, mes deux grands-pères, que j'ai tant aimés, étaient de grands lecteurs, ils avaient fait leurs études en se nourrissant autant de traités médicaux que de littérature. Leurs bibliothèques respectives contenaient des trésors. À l'adolescence, j'ai découvert Montaigne grâce à l'un, Mauriac grâce à l'autre, tant d'autres grands écrivains grâce aux deux, réunis dans ma mémoire et mes lectures.

Est-ce que votre grand-père Garcin était aussi tactile avec sa famille, ses enfants, ses petits-enfants, qu'il l'était avec ses patients ?

Pas du tout. J'ai grandi dans des familles de médecins qui ont toujours séparé leur vie professionnelle de leur vie personnelle et ne voulaient en aucune manière qu'elles se confondent. Même pour une grippe, les enfants et petits-enfants n'étaient jamais soignés ni par mon grand-père maternel ni par mon grand-père paternel. Ils trouvaient presque gênant de s'occuper des leurs et réservaient cette approche clinique à leurs patients. C'était aussi une époque où les hommes laissaient aux femmes le soin de s'occuper des enfants. Si mon grand-père Garcin m'avait vu changer, laver, nourrir les miens, il aurait sans doute été ahuri. Né à la Martinique en 1897, à la fin du XIXe siècle, il était vraiment d'un autre temps.

Il faut dire que votre grand-père Raymond consacrait beaucoup de temps à son travail. Il disait même à ses cinq enfants : « Ne faites jamais mon métier » parce que lui sacrifiait tout à sa vocation.

Oui, c'est vrai. Paradoxalement, j'ai éprouvé une immense tendresse pour lui, mais je l'ai peu vu. Car il faut comprendre son sacerdoce dans son acception la plus religieuse et la plus chrétienne. L'hôpital était son cloître, où il vivait enfermé. La blouse blanche était sa robe de bure. Il se consacrait à faire le bien, à soigner, à sauver des vies. Je suis certain que, en catholique pratiquant, il y ajoutait secrètement des prières. Les seuls moments où je l'ai vu sortir de cette « clôture », c'était pendant nos étés en Normandie. Cette Normandie âpre et sévère du Bessin, à Saint-Laurent-sur-Mer, village bordé par les plages du débarquement appelées Omaha Beach. Près de vingt ans après la guerre, le sable était encore strié par les énormes chenilles des bateaux amphibies qui rapportaient de la mer les carcasses rouillées des navires coulés par les batteries allemandes. Quand il faisait beau, l'après-midi, mon grand-père, sans jamais quitter son costume trois-pièces, son col dur, sa cravate, m'emmenait dans son immense Ariane noire, qu'il conduisait à 20 à l'heure, jusqu'à la pointe du Hoc. C'est la falaise, haute de trente mètres, que les rangers américains ont escaladée le 6 juin 1944, au péril de leur vie. Il sortait alors son chevalet et sa palette, se protégeait du soleil d'août sous un chapeau de paille caribéen, et peignait de très jolies aquarelles – j'en ai certaines ici d'ailleurs. Je restais, silencieux et ému, aux côtés de mon grand-père. Pendant deux heures, il n'était plus le neurologue de la Salpêtrière, mais un artiste goûtant à une liberté absolue. Et je n'oublierai jamais cette mer qui, peu à peu, apparaissait sur ses tableaux. À la Manche, qui n'est pas, vous en conviendrez, la plus rieuse, la plus accueillante des mers, qui n'a pas le bleu vert de la Méditerranée de Matisse, Papi donnait les couleurs de la mer caribéenne, il plongeait dans l'eau de sa Martinique natale. Il transformait la réalité en souvenir d'enfance. En dehors de ces instants volés, il n'aimait ni le farniente ni la récréation. Le métier passait avant tout. J'ai découvert, en écrivant *Le Syndrome de Garcin*, le discours inaugural qu'il avait prononcé à Anvers, dans un congrès de psychiatrie et de neurologie, dont il était le président. C'était le 9 juillet 1962. Soit deux jours exactement après la mort d'Olivier, mon jumeau renversé par une voiture. Et, sans flancher, sans faire la moindre allusion à la disparition de son petit-fils, il a lu un texte bouleversant sur la vocation de soigner, en rappelant que « la base de la médecine est l'amour » et que, « si intelligent soit-il, un être d'élite, mais pauvre de cœur, fera peut-être un savant remarquable, mais un médecin médiocre ». Charitable et pudique, voilà ce qu'il était. Ce jour-là, le petit Olivier était entre toutes les lignes de son texte, mais il n'en a rien dit. *Never explain, never complain…*

Est-ce qu'on arrivait mieux à exprimer ses sentiments du côté Launay ? Autrement dit, du côté de votre mère.

Oui, le père de ma mère, Clément Launay, mon « Pam », était pédopsychiatre et professeur à l'hôpital Hérold. Il était l'exact contraire de mon grand-père paternel. Il n'avait pas la rigueur, parfois intraitable, des Garcin, il était beaucoup plus généreux de lui-même et davantage *pater familias*. Il a d'ailleurs vécu plus longtemps que mon grand-père Garcin puisqu'il est mort en 1992. Je n'oublierai jamais combien, dans les semaines et les mois qui ont suivi la mort de mon jumeau, Pam a joué un rôle capital. L'auteur du *Précis de médecine infantile* regardait le jumeau sans jumeau que j'étais tout à coup devenu en se posant des questions, dont il avait parfois les réponses, parfois non. J'étais le reflet de son chagrin et une énigme en même temps. Lorsque Olivier est mort, on allait avoir 6 ans. C'est l'âge auquel les pédiatres préconisent justement de commencer en douceur sinon à séparer, du moins à distinguer, les jumeaux. À les empêcher d'être des semblables absolus. Et nous l'étions, Olivier et moi, dans les années 1960, de manière un peu caricaturale. Toujours habillés de manière identique, avec les mêmes shorts, les mêmes culottes courtes à bretelles, les mêmes chemises blanches, les mêmes sandales. Les mêmes jouets, aussi. Six ans, explique très bien mon grand-père dans ses nombreux précis de pédiatrie, c'est le moment où il faut apprendre à chaque jumeau à être singulier. Je ne le suis jamais devenu. Quand, après l'été de l'accident, je suis entré en septembre à l'école de la rue Saint-Jacques, à Paris, j'avais perdu mon jumeau, mais je n'avais pas cessé de l'être. J'étais encore double. J'ai la certitude que je le serai jusqu'à mon dernier soupir. Pam m'observait avec une incroyable compassion. Il était mon socle et mon protecteur. Et quand, dix ans après la mort d'Olivier, mon père a succombé à une chute de cheval, mon grand-père maternel a vraiment joué un rôle paternel pour le garçon sans jumeau ni père que j'étais désormais. Et surtout, il a fait ce que n'aurait sans doute pas voulu faire, par pudeur, Raymond Garcin : il m'a parlé. Longuement, doucement, souvent. Lui et ma grand-mère m'ont raconté l'enfant que j'étais avant l'accident, pendant l'accident, après l'accident. Pam a mis des mots, il a été le premier à me persuader qu'il fallait parler, qu'il ne fallait pas garder les choses pour soi – ce que j'ai mis du temps à mettre en pratique. Il m'a aidé à formuler l'informulable tandis que, à sa manière, ma grand-mère, une Bourguignonne dont l'amour de la vie m'a toujours évoqué la Colette gourmande de Saint-Sauveur-en-Puisaye, me faisait comprendre que le malheur n'est pas un obstacle au bonheur. Au contraire.

Vous aimiez beaucoup Madeleine, votre grand-mère maternelle, dite « Mam ». « Pam » et « Mam » ont beaucoup compté et ont vécu tous les deux très longtemps. Ils s'aimaient beaucoup d'ailleurs, à tel point qu'ils sont morts le même jour.

C'est une histoire absolument incroyable. Mon grand-père Clément Launay est mort très brutalement, d'un arrêt cardiaque. Aussitôt, j'ai appelé Mam, que j'aimais passionnément. Je lui ai dit au téléphone – j'étais alors en Normandie, elle à Paris – combien je pensais à elle. Et je n'oublierai jamais ce qu'elle m'a répondu : « Mais mon chéri, tout va bien, surtout ne t'inquiète pas, tout va bien. » Et j'ai compris, à la douceur de sa voix, qu'elle s'apprêtait à rejoindre naturellement son homme, dont elle n'arrêtait pas, quitte à l'exaspérer, de caresser le crâne chauve. Elle me répétait : « Surtout, ne t'inquiète pas. » Elle a ensuite raccroché, et quelques heures après, elle mourait dans son sommeil, sans aucune raison médicale. On a accompagné leurs deux cercueils, placés côte à côte dans l'église Saint-Séverin. Je n'avais jamais vu un couple si indissociable. L'un ne pouvait pas partir sans l'autre, et inversement.

Vous disiez que ces deux familles, les Garcin et les Launay, étaient très différentes. Les pères, les deux grands-pères pour vous, étaient quasiment à l'opposé l'un de l'autre. Pourtant, il y avait quand même des affinités entre ces deux familles. Dans votre livre Le Syndrome de Garcin, *vous écrivez qu'en commun, « ils avaient le caducée et la croix, le stéthoscope et l'étole, le Vidal et la Bible ». La religion catholique semblait très importante, autant que la médecine…*

À l'Académie de médecine, dont tous mes aïeux étaient membres, on m'a remis un arbre généalogique très intéressant et édifiant. Unique en son genre, aussi. La branche maternelle ressemble à une échelle : on y est, depuis un officier de santé qui fit les campagnes de l'Empire jusqu'à mon grand-père Launay, médecin de père en fils. La branche paternelle, en revanche, a pour moi la forme d'un escalier en colimaçon : on y est médecin de père en gendre, selon le même principe mandarinal et endogamique. Le jeune médecin épouse la fille de son patron. Mon grand-père Raymond Garcin a ainsi épousé la fille de son patron, le neurologue Georges Guillain, lequel a épousé la fille de son patron, Anatole Chauffard, lequel a épousé la fille de son patron, Jules Bucquoy, et j'en passe jusqu'à mon lointain aïeul, le chirurgien Philibert Joseph Roux qui épousa la fille du premier de cordée de cette incroyable lignée hippocratique, le chirurgien et baron d'Empire Alexis Boyer. Il m'arrive ainsi d'imaginer que mes deux aïeux, maternel et paternel, se sont peut-être croisés sur les champs de bataille napoléoniens, dans la boue sanglante, au milieu des morts et des blessés. Ces deux dynasties sont fondées sur une double pratique, la médicale et la religieuse. C'est à l'église qu'on se marie et que se déroulent les obsèques. Comme si la foi chrétienne ajoutait au sacerdoce médical, et même le confortait. Chez tous mes aïeux, le caducée et la croix étaient absolument inséparables. Quand les médecins ne sauvaient pas un malade, ils le confiaient au Dieu tout-puissant. Moi-même, j'ai grandi, que ce soit dans le Saint-Laurent-sur-Mer paternel ou le Bray-sur-Seine maternel, en me pliant au principe irréfutable de la messe du dimanche, où les cloches nous appelaient à heure fixe. Et il ne fallait pas être en retard.

Et le curé passait chez vous après la messe ?

Oui, le curé venait souvent, après la messe, participer au déjeuner familial. Il était, en quelque sorte, de la famille. Ma révolte, à l'époque, contre cette religion, tient au fait que même les pires douleurs, les plus grandes séparations étaient légitimées. Lorsque ma famille était frappée par la mort accidentelle d'un enfant ou la mort brutale d'un jeune père, elle considérait ces drames comme des sacrifices. On m'a ainsi fait comprendre que, moi aussi, je devais rendre à Dieu, qui me l'avait en quelque sorte prêté pour de brèves années et afin qu'il l'accueille à bras ouverts, le jumeau que je ne supportais ni n'acceptais d'avoir perdu. Eh bien, non, je refusais de le rendre, de l'offrir en sacrifice à plus fort et invisible que moi. Il resterait en moi. Pour l'anecdote, Madeleine Penancier, ma grand-mère maternelle, qui tenait la tragédie pour une ordalie, était sans conteste la plus pieuse d'entre nous. Or, elle était la seule à n'être pas née dans le catholicisme, à y être venue sur le tard. Elle était la fille unique d'Eugène Penancier, un socialiste de la gauche démocratique, très anticlérical, qui, comme on disait alors, « bouffait du curé » à chaque repas. Garde des Sceaux d'Édouard Daladier, notamment au moment dramatique du 6 février 34, sénateur de Seine-et-Marne et maire de Bray-sur-Seine, il avait évidemment interdit à sa fille, Madeleine, de s'approcher d'une église, de frayer avec les soutanes. Mais, à l'adolescence, sans autre raison, me disait-elle, qu'un « appel » irrépressible, elle quitta un jour discrètement leur appartement du boulevard Saint-Germain pour aller se faire baptiser, à l'insu de son père, à l'église Saint-Séverin, qui allait devenir notre église « historique », celle des baptêmes, des mariages, des enterrements. Eugène Penancier piqua, paraît-il, une grande colère, mais finit par lui pardonner son incartade catholique. Le secret de sa foi débordante était là : elle fut infidèle à son père pour mieux devenir fidèle à Dieu le père.

Il y a eu quelques ruptures dans cette longue généalogie médicale. La principale est venue de vos parents, qui ont gardé le catholicisme, mais qui ont rompu avec cette généalogie hippocratique puisque, si le fils du professeur Garcin a épousé la fille du professeur Launay, Françoise était peintre et graveur, et Philippe, votre père, est devenu le directeur des Presses universitaires de France. Ce sont les premiers à renoncer à la médecine.

Le couple de mes parents a en effet coupé à la hache l'arbre généalogique et mis un terme à cette double dynastie. Ils se sont rencontrés parce qu'ils étaient tous les deux, à l'occasion d'une soirée, fils et fille de grands médecins. Mais, sans renier un héritage dont ils étaient fiers, ils ont choisi d'avoir leur propre vie et de faire chacun de sa passion, son métier. Pour mon père, passé par la khâgne, c'était la littérature. Pour ma mère, formée aux Beaux-Arts, c'étaient la peinture et la gravure, ainsi que la restauration de tableaux anciens.

Ainsi, vous dites de votre mère qu'elle pratiquait la chirurgie esthétique à sa manière…

Rêve ou réalité? Peu importe. Enfant, je regardais avec bonheur ma mère, habillée d'une blouse blanche, manier les mêmes cotons que ceux de mon grand-père Garcin pour rendre sa lumière originelle à un tableau de maître que le temps avait obscurci. Avec des gestes de clinicienne, et de l'essence de térébenthine, elle transformait un ciel charbonneux en ciel d'un bleu éclatant. Elle guérissait les toiles malades. Elle faisait des miracles. Dans la pièce d'à côté, chez nous, mon père éditeur, dans son bureau, retouchait, améliorait, soignait les manuscrits patraques de certains de ses auteurs, qu'il avait accouchés à la manière d'un obstétricien. C'est ainsi que je me suis longtemps dit que ma mère Françoise et mon père Philippe n'avaient pas vraiment rompu avec la lignée médicale de leurs aïeux, ils l'avaient plutôt perpétuée dans des domaines inédits, l'art et la littérature. En somme, leurs pères étaient guidés par la bonté et mes parents, par la beauté.

Et vous n'avez pas eu envie de renouer avec cette généalogie en devenant médecin ?

Non seulement j'en avais envie, mais j'étais aussi convaincu, du moins jusqu'à la première scientifique du lycée Henri-IV, que j'allais « faire médecine ». Je n'avais qu'une envie : soigner. Pas tant pour m'inscrire dans le sillage de mes aïeux, que pour empêcher ceux que j'aimais de mourir. Inconsciemment, je croyais sans doute que je pourrais encore sauver mon frère jumeau. J'avais 17 ans quand mon père, âgé de 45 ans, à qui me liait une complicité intellectuelle merveilleuse et capitale, a fait cette chute de cheval mortelle, le 21 avril 1973. Un choc qui a réveillé, avec une violence terrible, le traumatisme de l'accident d'Olivier. Et qui a fait de l'adolescent que j'étais un double orphelin, de père et de frère. Je me vois encore, dans cette cour du lycée Henri-IV, prendre soudain, en juin 1973, la décision de ne pas aller à la rentrée en terminale scientifique, de ne pas préparer le bachot qui me mènerait logiquement aux études médicales. Je suis allé plutôt inspecter la petite cour voisine du lycée, réservée aux hypokhâgnes et aux khâgnes, ces classes préparatoires à l'École normale supérieure. C'est là que le philosophe Alain avait enseigné au jeune écrivain Jean Prévost. C'est là, surtout, que mon père avait été khâgneux. Et je voulais désormais marcher dans ses pas, sur ses traces. Il venait de mourir et je devais déjà le retrouver. Alors, j'ai oublié la médecine et j'ai épousé à la fois la littérature et la philosophie. Je suis devenu pleinement, à ce moment-là, le fils de mon père, le jumeau rescapé qui lui survivrait et le prolongerait.

En même temps, il y avait des ouvrages dans la famille Garcin. Vous dites que vous avez toujours vu vos deux grands-pères un livre à la main, et de préférence des classiques.

J'ai eu la chance inouïe de naître dans un berceau de papier. Outre les bibliothèques de mes deux grands-pères, peuplées de grandes œuvres classiques, il y avait celle de mon père. Les livres y étaient rangés avec une rigueur monacale et doublement protégés : par des vitres impeccables et par du papier cristal, avec lequel il recouvrait chaque exemplaire. Ces livres étaient ceux de Bachelard, Deleuze, Foucault, qu'il publiait dans sa collection des PUF, « À la pensée », et ceux, beaucoup plus anciens, parfois reliés en cuir, qu'il lisait et relisait afin d'en tirer de savantes études sur Fromentin, Mademoiselle de Lespinasse, Fontenelle ou Voltaire, qu'il écrivait pour la *NRF*, *Critique* et *Les Lettres nouvelles*. C'est la raison pour laquelle j'ai toujours eu le sentiment d'avoir respiré, avant toute autre odeur, le merveilleux parfum du papier, sans lequel je ne saurais vivre.

Vous nous avez dit ce qu'était le syndrome de Garcin, mais c'est aussi « une manière d'être au monde sous une carapace ». Je voudrais vous lire un extrait du Syndrome de Garcin *: « Une manière de cultiver la solitude dans des lieux fréquentés, de se donner aux autres avec parcimonie, de se confier le moins possible, de s'ingénier à n'être jamais percé, d'être plongé dans une incessante conversation avec soi-même, une forme douce de schizophrénie civilisée reposant sur une morale impérieuse et intraitable qui tiendrait du jansénisme, du luthéranisme, de la Royale et du Cadre noir. »*

C'est exactement ce que j'éprouve. Au nom de cette morale impérieuse, on ne se montre pas, on ne s'épanche pas, on ne rend de comptes qu'à soi-même. Je pense que, s'ils vivaient encore, ni mon grand-père Raymond Garcin ni mon père Philippe Garcin ne jugeraient d'un bon œil que je me confie dans une émission comme *À voix nue*, et donc que je me mette à nu. Pour eux, se raconter, c'était s'exhiber. Et s'exhiber, c'était déchoir. Il fallait tout garder pour soi, ne jamais s'avantager devant un micro ni dans un livre. Dès mes débuts dans la vie professionnelle et journalistique – j'avais 19 ans et des poussières –, j'ai eu le sentiment que j'allais contre tout ce dont j'avais hérité, que je dérogeais au devoir de réserve familial, que je contrevenais à cette loi impérative qui veut qu'on ne se dise pas. Écrire sur Stendhal ou Rivarol, comme le faisait mon père, oui. Écrire sur ses proches, sur ses disparus, sur sa famille, sur ses souffrances et ses regrets, ce n'était même pas envisageable, en tout cas pas chez les Garcin.

Merci de le faire alors.

Mes fragiles

Mes fragiles est le titre d'un livre dans lequel vous racontez la mort de votre mère en septembre 2020, et celle de votre frère, Laurent, six mois plus tard. Un livre dans lequel vous dévoilez également un lourd héritage familial. *Mes fragiles* fait suite à deux autres livres dans lesquels vous êtes revenu à la fois sur la perte de votre frère jumeau, Olivier, et celle de votre père quand vous aviez 17 ans. Le premier a pour titre *Olivier*, et le deuxième, *La Chute de cheval*. Autrement dit, vous avez vécu une succession de drames d'abord dans votre prime enfance, puis dans votre adolescence et dans votre vie d'adulte, drames que vous avez mis longtemps à mettre en mots. Il a fallu du temps, beaucoup de temps, pour que vous parveniez, d'abord à en parler, ensuite à l'écrire. À moins que vous ayez écrit d'abord ?

J'ai longtemps pensé que, effectivement, je pouvais vivre sans parler de tous ces drames. Et même que je vivais mieux, en les mettant au secret. J'avais fait un choix professionnel très tôt dans ma vie : devenir journaliste, à condition d'exercer ce métier dans un domaine qui me semblait très proche de ma formation, c'est-à-dire la culture en général, et la littérature en particulier. Finalement, cela ne me dépaysait pas trop et me donnait le sentiment que je n'étais pas trop infidèle à mes origines. J'avais fait une hypokhâgne et une khâgne au lycée Henri-IV, puis une licence et une maîtrise de philo à la Sorbonne avec un mémoire sur Kierkegaard, et je venais d'une famille où il n'était pas de bon ton d'aller du côté de la presse, de ce qui est éphémère, de ce qui est « voyant », comme on le dirait d'un bijou. Donc, en entrant aux *Nouvelles littéraires* à 19 ans, je me disais que, somme toute, je ne m'éloignais pas trop de mes racines – c'était l'époque bénie, soit dit en passant, où il y avait encore un hebdomadaire littéraire et culturel en France. Et j'ai aimé passionnément ce métier qui m'a conduit à faire de la télévision à un moment de ma vie – j'avais alors 25 ans – et à produire chaque semaine une émission littéraire sur FR3, *Boîte aux lettres*, où je pouvais consacrer des heures entières à Georges Perros, à Claude Simon ou à Peter Handke. Plus je faisais ce métier, plus je l'aimais. Et puis, j'ai eu la chance inouïe de rencontrer une femme d'une beauté folle et sauvage, que j'admirais autant que je l'aimais : Anne-Marie Philipe, la comédienne de théâtre et de cinéma. On a eu trois enfants. La vie était belle, la vie était heureuse. On exerçait, Anne-Marie et moi, elle sur scène, moi dans les journaux ou à la télévision, les professions qui étaient tellement en accord parfait avec nos goûts qu'on avait le sentiment que c'étaient à peine des professions, c'était plutôt la concrétisation naturelle de nos passions. On avait des enfants beaux et bien portants. J'écrivais pour moi – des poèmes qui n'étaient pas bons, des pages d'un journal intime qui n'était pas nécessaire – et je croyais, avec une certaine candeur, qu'on peut ranger dans un tiroir ce qu'on a souffert, même le pire, et vivre bien, loin, fort, haut, en mettant de côté tout ce qui nous encombre, tout ce qui nous alourdit, tout ce qui nous obsède. Je pensais que le présent et surtout l'avenir ne doivent pas être abîmés par le passé. J'obéissais à la grande loi du silence.

À aucun moment vous ne vous êtes dit que vous alliez faire une analyse ? Vous a-t-on conseillé d'être aidé ?

C'est une excellente question parce que j'étais évidemment un cadeau, d'abord pour Françoise Dolto, et puis pour les psys en général, parce que vivre ce que j'avais vécu me prédisposait évidemment, sinon à m'allonger très tôt sur un divan, du moins à parler avec des psychologues. Je ne l'ai jamais fait. Donc, non seulement je ne m'étais même pas auto-analysé, mais en plus j'étais dans une forme de déni. Comme pour éteindre les premières flammes d'un feu de forêt, j'avais jeté une couverture sur mon histoire. Et l'on sait combien, à trop s'étouffer soi-même, on est prédisposé à développer, un jour, une maladie grave. Là encore, ma femme a joué, par amour et aussi parce que son métier est fondé sur l'art de porter une parole en public, de s'extérioriser, un rôle essentiel : elle m'a beaucoup poussé à exprimer ce que, par atavisme familial, social, et par nature, je ne voulais pas dire.

Il faut préciser qu'après la mort de votre frère jumeau, vous avez été mis à l'écart par votre famille. D'abord, on a effacé toutes les traces du jumeau, et on vous a empêché d'assister à son enterrement.

C'est à tel point que, des années, pour ne pas dire des décennies plus tard, ce que, aujourd'hui, je suis en train de faire avec vous, Caroline Broué, j'en étais physiquement et moralement incapable. Je n'arrivais pas au bout d'une phrase, je m'écroulais en larmes, tant j'avais gardé pour moi seul, sans jamais l'exprimer, la présence ahurissante et obsédante de mes absents. Je vais donc vous dire ce que je ne pouvais pas dire. On est en 1962. Nous sommes sur une route de campagne, en Seine-et-Marne, mon frère et moi, à l'arrière de la voiture, une 203 gris pigeon, conduite par notre père, avec notre mère à ses côtés. Il fait beau, c'est une douce fin d'après-midi. Dans quelques mois, Olivier et moi allons avoir 6 ans. Soudain, mon frère demande que l'on s'arrête pour voir des vaches dans un champ, de l'autre côté de la route bordée de peupliers. Notre père arrête la voiture, coupe le moteur, et Olivier ouvre la portière précipitamment pour traverser la nationale. Un chauffard surgit, vite, tellement vite. Il renverse Olivier sous mes yeux. Le premier choc est de voir le corps d'Olivier retomber sur le macadam. Et le second choc, qui a fondé spirituellement ma vie, est que cette voiture ne s'arrête pas. Elle vient de renverser un enfant, et elle continue tout droit. Je vois encore, je verrai toute ma vie, cette voiture fuir et c'est un scandale que je n'ai jamais accepté. Un scandale dont je ne me remettrai pas. Je pense que l'idée que je me fais de la justice, du bien et du mal, du courage et de la lâcheté, de l'impunité aussi, est née de ce moment-là. D'ailleurs, mon père a mené une enquête sur ce conducteur assassin, il a fait appel à un commissaire qui avait écrit pour lui un « Que sais-je ? » sur la police et il a retrouvé sa trace. Non pas pour faire un procès ni rien de ce genre, mais simplement pour lui envoyer un mot et lui écrire, car j'ai retrouvé, dans un tiroir de son bureau, le double de cette lettre manuscrite : « Monsieur, vous avez tué un enfant. » Je pense profondément que je suis né de ce drame-là. C'est le nœud et le lieu de toute mon existence. Une part de moi est restée, sidérée, sur le bas-côté de la route où mon double a été fauché.

Olivier n'est pas mort tout de suite, il a été dans le coma à l'hôpital. Mes parents ont fait le choix – parfaitement compréhensible dans une famille et selon la psychologie des années 1960 – de m'éloigner. On m'a donc envoyé chez la sœur aînée de ma mère pour me protéger, pour m'épargner. J'ai été pendant des semaines placé à Sens, sur les rives de l'Yonne, dans une famille que j'aimais beaucoup, mais qui ne pouvait rien pour me rendre alors ce dont on m'avait privé : l'agonie d'Olivier et puis son enterrement. Encore aujourd'hui, comme si sans cesse je voulais abolir le temps et revenir en arrière, il me manque d'avoir accompagné Olivier jusqu'au bout, jusqu'au cimetière en hauteur de Bray-sur-Seine. Au moins ce manque a-t-il une vertu : mon jumeau vit toujours avec moi. Depuis le 7 juillet 1962, j'ai le sentiment qu'il ne m'a jamais quitté alors que, dans le même temps, je n'ai pas pu lui dire adieu. Le drame qui a suivi dix ans après en est comme le prolongement et la conséquence. Mon père, éditeur, qui n'était absolument pas sportif – son seul sport était la lecture et l'écriture –, n'a pas supporté la mort d'Olivier et il a fait le choix d'une activité sportive à haut risque, l'équitation. Et c'est de cela qu'il est mort, en forêt de Rambouillet, alors qu'il montait un trotteur fou, qui s'est emballé. Il est tombé, a succombé à une commotion cérébrale, et ce fut le second traumatisme de ma vie. Et encore une fois, de façon doublement insupportable, je n'étais pas là. C'était pendant les vacances de Pâques, en 1973, j'étais à la montagne, j'avais 17 ans, je suis rentré précipitamment, mais le temps que j'arrive, il était trop tard. Mon père est mort, et à lui non plus, je n'ai pas pu dire adieu. Ainsi, très longtemps après, quand ma mère s'est éteinte et quand mon frère cadet, Laurent, l'a suivie six mois plus tard, ils ont été paradoxalement mes premiers morts. Les premiers morts dont je voyais les visages de morts, et que j'ai eu le sentiment vraiment d'accompagner, selon la formule rituelle, « jusqu'à leur dernier soupir ». C'est très étrange, finalement, d'avoir vécu ces expériences si violentes sans jamais rien en dire. Il m'a fallu beaucoup de temps, de travail sur moi, pour enfin comprendre que je devais l'écrire, ou plutôt m'écrire, seule façon de me plier sur le papier, faute de divan, à l'auto-analyse. J'ai écrit *La Chute de cheval* vingt-cinq ans après que mon père a été désarçonné et *Olivier*, cinquante ans après l'accident qui me l'a enlevé.

En effet, La Chute de cheval *a paru en 1998,* Olivier *en 2011.*

Je sais que si j'ai mis tant de temps à écrire *Olivier*, c'est parce que je repoussais sans cesse ce qui m'était insupportable. Je ne voulais pas, en racontant cette scène de l'accident, la revivre. Je ne voulais plus voir ce film que je pourrais décomposer, image après image, tellement je le connais par cœur, tellement il me brise le cœur. Je ne voulais plus être ce garçon hébété, sidéré, pleurant, seul, sur la banquette arrière de la 203, qui file vers l'hôpital le plus proche pour confier le corps ensanglanté de son jumeau aux médecins des urgences. J'ai pleuré, encore, en écrivant *Olivier*. Mais je l'ai écrit. Et, d'une certaine manière, j'en ai été récompensé. Car il m'a fallu ce livre venu de très loin et d'une zone très secrète de moi-même pour que je comprenne enfin ce que, faute de psychanalyse, je n'avais pas compris. Que, par exemple, si je travaille autant, et depuis mon plus jeune âge, c'est simplement que je travaille pour deux. Que si j'aime tant les chevaux, c'est qu'ils ont quatre jambes, que cet animal magnifique est conçu pour des jumeaux – quand on galope, on est deux, on est même trois avec notre jeune père. Toute mon existence, je l'ai compris tardivement, est binaire. La gémellité définit chaque moment de ma vie, de notre vie, à Olivier et moi, qui sommes nés sous le signe équitable de la Balance. Je vais même jusqu'à penser que, si un jour j'ai rencontré Anne-Marie, c'est parce que, précisément, elle avec un père mort à 36 ans, moi avec un père mort à 45 ans, nous étions destinés à nous unir, comme s'unissent des jumeaux. J'ai eu tort d'hésiter longtemps à écrire *Olivier* ou *La*

Chute de cheval, toujours par crainte de verser dans l'impudeur, de sortir du satané devoir de réserve, mais je sais aujourd'hui que j'ai eu raison de le faire. Ces livres m'ont aidé, ils m'ont sauvé. Si je n'avais pas écrit ces livres-là, je ne serais pas le même aujourd'hui devant vous, je ne pourrais pas me risquer à l'exercice périlleux de cet *À voix nue*. Maintenant, je suis en paix avec moi-même et avec mes absents, que j'ai rendus présents. Il y a une femme que j'ai beaucoup aimée et que j'ai eu la chance de connaître bien, c'était la chanteuse Barbara…

… à laquelle vous avez consacré un ouvrage, Barbara, claire de nuit…

Barbara me disait, quand elle parlait d'une chanson, d'une idée qu'elle avait, d'un spectacle ou du choix qu'elle avait fait de défendre telle ou telle cause, comme d'ouvrir chez elle une ligne de téléphone pour les malades du sida et leurs familles : « Là, tu vois, je suis OK avec cette femme-là. » Et de la même manière, je peux dire que

« je suis OK avec cet homme-là ». Lorsque Anne-Marie, qui est ma première lectrice, a lu le livre *Olivier* avant sa publication, elle m'a dit, alors qu'elle était ma femme depuis tant d'années : « Je ne mesurais pas à quel point ton jumeau comptait dans ta vie quotidienne. » Même celle avec qui je partageais ma vie ne le mesurait pas ! Si je ne l'avais pas écrit, elle ne l'aurait peut-être jamais su. Quand j'ai publié *Théâtre intime*, sur elle cette fois-ci, sur une bien vivante à qui je voulais déclarer mon amour, sur la comédienne qu'ils étaient trop jeunes pour l'avoir vue jouer magnifiquement sur scène dans *L'Annonce faite à Marie* ou *L'Alouette*, mes enfants m'ont dit : « Merci, papa, on découvre enfin qui est notre mère ! » Donc, je le dis sans gêne, j'écris d'abord pour moi, pas pour les autres. Et tant mieux si mon expérience personnelle peut être partagée par d'autres. Mais reste en moi, sans doute, une manière de combattre perpétuellement une incompréhension doublée d'un effroi : celui du garçon que je suis à 17 ans et qui pénètre pour la première fois dans le bureau de son père quelques jours seulement après sa mort. Comme mon père écrivait de très savantes études sur de grands écrivains classiques dans des revues littéraires, j'ai ouvert le tiroir de son bureau, à la maison, pour rechercher des textes manuscrits de lui. J'en ai trouvés, notamment un texte admirable et inachevé sur Charles Péguy, qu'il a écrit juste avant de partir monter le cheval qui allait le tuer. Il y parle de Péguy, qui « rêvait d'être arrêté au plus fort de sa course par une traverse imprévue et voulait la mort au dépourvu dans les seigles de Villeroy » – une balle allemande a en effet touché le jeune lieutenant de réserve, le 5 septembre 1914. Quand je retrouve ce texte, que j'allais faire paraître ensuite dans la *NRF*, je suis bouleversé par cette concordance des temps et des âmes : cette « prescience tragique de l'accident qui romprait son élan », mon père l'applique à Péguy sans savoir que c'est de lui qu'il parle. Alors, je continue à chercher, à fouiller le grand tiroir de son bureau, qui est le mien désormais. Et je me dis qu'il existe forcément quelque part des pages de lui sur Olivier ou sur moi, mais je ne trouve rien. C'est le bureau d'un écrivain qui ne se raconte pas. Il parle admirablement d'Arrigo Beyle Milanese, de la Martingale de Saint-Évremond, du destin des passions chez Pascal, ou de la rhétorique de Joubert, mais pas de lui, pas de son enfant mort, pas des siens. Et l'adolescent qui ne trouve pas ces traces qu'il réclamait, qu'il espérait, est devenu un adulte obsédé par le besoin impératif de laisser des traces, de ne pas laisser aux siens un tiroir vide. Je crois bien que c'est à ce moment-là que l'orphelin de père que j'étais est devenu, sans le savoir, l'auteur des livres qu'il écrirait bien plus tard. Et qu'allaient lire ensuite nos enfants, Gabriel, Jeanne, Clément, et que liront un jour nos petits-enfants, Lou, Esther, Thelma, Marcel. Pas du tout pour savoir qui j'étais, mais pour savoir que je n'ai pas voulu laisser la place à l'ingratitude de l'oubli. Je crois de plus en plus à deux valeurs devenues obsolètes : la fidélité et la gratitude. Le critique que je suis supporte de moins en moins les livres que je reçois à foison et qui ne sont plus que des règlements de compte familiaux, des exercices de détestation, des précis de haine où il faut toujours essayer d'expliquer pourquoi son père, sa mère, son frère, sa sœur, ses grands-parents étaient des personnes malfaisantes. J'ai vraiment la conviction – et ce n'est pas par angélisme – qu'écrire, c'est, au contraire, célébrer, admirer et se souvenir. Les livres que j'ai publiés, et qui ne concernent pas les miens, sont d'ailleurs consacrés, de Jean Prévost à Jacques Lusseyran, à des figures que j'admire, dont je ne supporte pas l'oubli dans lequel, le plus souvent, ils ont été jetés.

En 2010, un an avant que le livre Olivier *sorte, vous avez eu peur qu'Olivier soit oublié, tout à coup ?*

Mais comment voulez-vous qu'on puisse se souvenir d'un enfant d'à peine 6 ans ? Non seulement il était oublié, mais pour tout le monde, il n'avait jamais existé. C'était un petit fantôme. Comme, en plus, je n'en parlais pas, personne ne savait son existence. Et quand le livre a paru dans la collection blanche et que le nom de l'auteur est apparu en petites lettres noires tandis qu'apparaissait en grosses lettres rouges, en corps dix fois supérieur au prénom de Jérôme, celui d'Olivier, vous n'imaginez pas ce qu'a été ma joie. Et puis, quand le livre a été publié en collection de poche, ma mère vivait encore, j'ai osé faire ce que je n'avais pas osé auparavant : mettre en couverture du Folio une photographie d'Olivier et de moi au pied de Notre-Dame, Olivier passant sa main tendrement autour de mon cou. À cette époque-là, j'allais voir ma mère toutes les semaines chez elle, j'avais un peu peur de sa réaction, je me demandais comment allait-elle vivre ce livre et cette photo-là, et chaque fois elle m'accueillait avec un claironnant et bouleversant : « Comment va Olivier ? » Ce qui voulait dire : est-ce qu'il y a des lecteurs, est-ce qu'on s'intéresse au livre ? Quand vous entendez votre vieille mère demander avec le sourire : « Comment va Olivier ? » à propos de son fils, de mon jumeau mort, eh bien je peux vous jurer que vous avez le sentiment de n'avoir pas écrit en vain. Avec le plus de douceur possible, je lui ai rendu l'enfant qu'elle avait perdu.

Cette mère, vous avez écrit sur elle un livre qui s'intitule Mes fragiles, *paru en janvier 2023. C'est un hommage, mais c'est aussi un livre dans lequel vous révélez un secret, quelque chose que vous n'avez pas pu lui dire de son vivant. Pour l'épargner, la préserver?*

J'ai tellement voulu la préserver qu'à la fin du *Syndrome de Garcin*, j'évoque dans un bref chapitre cette maladie sans la nommer. Pourquoi? Parce que je ne voulais pas qu'elle sache. Juste à la veille des années 2010, j'ai reçu la visite d'un cousin psychiatre qui m'a dit: « Tu devrais faire des analyses génétiques. » Je lui ai demandé pourquoi. « Parce que, comme dirait Audiberti, le "mal court" dans la famille. » Dans cette grande famille hippocratique, prétendument à l'abri de tout, où l'on est médecin de génération en génération… « Qu'est-ce que tu veux dire par là? » Il m'a répondu: « Il y a des trucs bizarres, des symptômes qui se retrouvent ici et là, chez nous. » Je sentais qu'il savait quelque chose. Il savait en effet que ce « mal qui court » avait un nom: le syndrome de l'X fragile, qui est une maladie génétique du chromosome X. Donc, bon conseiller, mon cousin m'avait confié: « Si c'est ce que je pressens, le X, tu l'as donné à ta fille, et tu as donné l'Y à tes deux garçons, eux sont à l'abri. » Je suis donc allé à la Salpêtrière avec ma fille, Jeanne. Précisons que Jeanne est belle, intelligente, lumineuse, douée comme c'est pas permis, je veux dire par là que rien ne pouvait laisser penser qu'elle pouvait être atteinte. On est allés faire ces analyses en 2010 et, quelques semaines plus tard, les résultats sont tombés, terribles : j'apprends que je suis porteur sain, ce qui ne me met pas à l'abri de problèmes neurologiques un jour ou l'autre, et j'apprends du même coup que j'ai transmis ce syndrome à ma fille avec un pourcentage un peu supérieur au mien, et qu'elle-même l'a transmis à sa fille, ma petite-fille Esther, et nous avons tout à coup la preuve que ce chromosome X fragile nous a été transmis par notre mère, et que toute la famille en est atteinte. Le X fragile est une maladie complexe, sournoise, très grave. C'est la deuxième cause de retard mental après la trisomie 21, mais à la différence de la trisomie, de l'autisme et de beaucoup d'autres maladies, elle est héréditaire. Et quand je dis qu'elle est héréditaire, c'est une double peine, puisque plus elle se transmet d'une génération à l'autre, plus le mal s'aggrave. C'est une maladie insoignable que les médecins connaissent mal, dont le mécanisme moléculaire n'a été étudié qu'en 1991. Aussitôt, cela a provoqué chez moi un sentiment de culpabilité irraisonné. En réalité, j'étais certes responsable, mais pas coupable. Cela ne m'a pas empêché de le vivre mal, très mal. J'ai alors fait le choix de ne rien en dire à ma mère. Je jugeais qu'elle avait eu, dans sa vie, son lot de drames, je ne voulais pas en ajouter. Mais surtout – c'est la clé de tout –, j'ai compris à ce moment-là que mon frère cadet, Laurent, lui, en était très lourdement atteint. Pour vous donner une idée très simplifiée, la vie de Laurent était à peu près celle d'un autiste. Sa faculté de parler était quasiment nulle, aussi s'exprimait-il par de très beaux et joyeux tableaux, cela lui suffisait. Or, je ne voulais pas que ma mère, apprenant cela, se sente responsable et qu'elle regarde Laurent différemment. Certes, pour elle, c'était un garçon différent, mais pas un handicapé – alors qu'il l'était. C'est pour cette raison que je n'ai pas voulu donner un nom à cette maladie dans *Le Syndrome de Garcin*. Et c'est pour cette raison que j'ai publié *Mes fragiles* après la mort de ma mère : le temps était enfin venu de nommer ce X fragile, encore mal connu, même des meilleurs spécialistes. D'ailleurs, depuis la parution du livre, je suis bombardé de mails d'associations X fragile en France, en Belgique, en Suisse, de malades et de médecins qui m'écrivent que cela devrait être une cause nationale non seulement parce qu'elle ravage des familles entières, mais aussi parce qu'il faut essayer d'enrayer cette maladie. Or, il n'y a qu'un seul moyen de l'enrayer, c'est ce qu'a fait ma fille, très courageusement, à quatre mois de grossesse : une amniocentèse. L'amniocentèse permet de voir le degré de pourcentage dont est victime ou non le fœtus. L'autre choix évidemment pour une femme, c'est la gestation *in vitro*. Seules les femmes peuvent détourner et stopper ce « mal qui court ». Je voulais aussi lancer un appel. Et là-dessus, je peux vous dire que j'ai été entendu.

Est-ce qu'avec Mes fragiles, *vous diriez que, aujourd'hui, vous avez clos ce cycle sur vous-même ? Est-ce que vous avez écrit tout ce que vous aviez à écrire sur vous ?*

D'abord, je me le souhaite. Bien sûr, il ne faut jamais dire jamais, cependant j'ai le sentiment d'avoir clos une histoire qui, malgré tout, ne me met pas à l'abri d'autres inquiétudes. Et, croyez-moi, je n'ai plus qu'une envie maintenant : me consacrer à d'autres vies que la mienne.

Perspectives cavalières

Perspectives cavalières *est le titre d'un livre qui va à sauts et à gambades pour parler de votre relation au cheval. Celle-ci commence par une détestation, puisque votre père est mort d'une chute de cheval en 1973 quand vous aviez 17 ans, mais elle a cependant évolué dans le temps au point de se transformer en passion, après avoir été initié à l'équitation. Cette passion passe aussi par une amitié profonde, presque fraternelle, avec le directeur du théâtre équestre Zingaro, l'écuyer artiste Bartabas, auquel vous avez consacré un récit biographique.*

J'aimerais que l'on commence par un lieu, la Normandie. Je crois que c'est là que vous montez à cheval. Qu'est-ce que cela représente pour vous ?

La Normandie est tellement importante pour moi ! Je dirais même qu'elle est décisive. C'est non seulement le pays des chevaux, où j'aime tant les monter, en effet, mais c'est aussi celui où j'écris. Je n'ai jamais rédigé un seul livre à Paris. Des chroniques, oui, mais des livres, non. Dans ce pays d'Auge, tout en collines et bocages, qui se jette dans la mer, j'ai établi un lien très fort et très mystérieux entre l'équitation et l'écriture. Mais tout a effectivement commencé très mal : mon père m'emmenait souvent dans le centre hippique de la vallée de Chevreuse, à Maurepas, dans les Yvelines, où il montait chaque semaine à cheval. Petit, j'ai donc beaucoup fréquenté les centres équestres, dont je me rappelle encore les parfums de vieux cuir, de sciure, de poil mouillé. Je regardais mon père, toujours cravaté, monter, avec une gravité et une droiture impressionnantes, dans le manège et la carrière. Plus tard, vers mes 13 ou 14 ans, il m'avait mis un peu à cheval, dans un club champêtre de Saint-Laurent-sur-Mer. Je trouvais ça un peu fastidieux, pas très plaisant. « Dangereux à ses extrémités et inconfortable au milieu », comme disait Churchill. Et puis, mon père est mort après sa chute en forêt de Rambouillet. Alors, pendant les années qui ont suivi, j'ai détesté cet animal qui me l'avait enlevé. J'ai fui les chevaux. J'allais jusqu'à contourner les prés et les champs où je les voyais manger tranquillement de l'herbe et chasser les mouches avec leur queue. Ils avaient été les meilleurs amis de mon père, ils étaient devenus mes ennemis. Il faut dire que j'ai mis du temps à comprendre ce qui lui était exactement arrivé ce jour-là. Après avoir écrit *La Chute de cheval*, et alors que j'en rédigeais la postface pour la réédition du livre en Folio, j'ai reçu un coup de téléphone. L'inconnu qui m'appelait – comment avait-il eu mon numéro? je l'ignore encore – avait plus de 70 ans. Il élevait des anglo-arabes dans le Lot. Il me dit qu'il avait été instructeur dans le centre hippique où mon père montait et où il était mort. Et sans détour, il m'a tout raconté. « Il faut que vous sachiez la vérité, m'a-t-il dit en substance. Votre père était plutôt bon cavalier. Un dimanche où il y avait trop de demandes pour des sorties en extérieur et pas assez de chevaux disponibles, le directeur du club lui avait confié, contre mon avis, Quinquina. Ce trotteur, dès qu'il était en forêt, devenait fou. Il sautait tous les obstacles, les murs, les troncs d'arbres, même les voitures sur la route, et personne ne pouvait l'arrêter. On l'avait surnommé « le tueur ». D'ailleurs, dans le bureau du centre, il y avait un avertissement : « Ne jamais sortir Quinquina ! » On l'avait pourtant attribué à votre père sans le prévenir ni lui dire que, plus on tirait sur les rênes, plus Quinquina résistait et s'emballait. Et ce qui devait arriver arriva. Le pire. La mort de votre père, dont je ne me suis personnellement jamais remis. Quand j'ai lu *La Chute de cheval*, où vous vous interrogez sur les raisons de cette mort, je me suis dit que je devais vous parler. J'entre dans le grand âge et je ne veux pas disparaître sans vous avoir révélé ce secret », a-t-il conclu. Vous imaginez le choc que j'ai reçu. Une déflagration. Un sentiment de colère aussi. Presque une envie de vengeance. J'ai même tenté de joindre le personnage ronflant et à particule qui dirigeait le club pour l'accuser rétrospectivement de non-assistance à personne en danger, mais il était mort, lui aussi, et enterré sous les honneurs et les trompes de chasse… J'ai simplement glissé dans la postface de *La Chute* la terrible résolution de l'énigme qui m'obsédait depuis mes 17 ans. Et j'ai mieux compris pourquoi, à côté du corps sans vie de mon père, Quinquina mangeait tranquillement de l'herbe : en tombant, mon père avait rendu les rênes au « tueur », qui s'était aussitôt arrêté.

Puis, les années ont passé. Je vivais loin des chevaux et m'en portais bien. Au début des années 1990, on s'est installés, Anne-Marie, nos trois enfants et moi, sur la côte normande, à Trouville-sur-Mer. Notre aîné, Gabriel, qui avait 6 ans, s'est mis alors à faire du poney dans un centre équestre, en bordure de la plage. Un après-midi, il est sorti de sa reprise. Avec un sourire tendre et opiniâtre à la fois, il m'a tendu les rênes en claironnant : « Papa, toi aussi, tu devrais monter à cheval. » Il ne savait évidemment pas ce qui était arrivé à son grand-père. Spontanément, j'ai répondu : « Pourquoi pas ? » On ne dit pas non à son fils de 6 ans. J'en avais 30 et des poussières. Il a fallu ensuite que le corps suive. Alors, je me suis mis à faire avec ma femme de longues séances d'apprentissage en selle, ce qu'on appelle des séances de tape-cul. Il a fallu remuscler tout ça. Au début, on en a souffert. Deux, trois ans après, je suis devenu un cavalier passable, honnête, c'est-à-dire capable de sortir seul en extérieur avec un cheval. C'est un test infaillible. Partir, sans être accompagné, sur un cheval qu'on vous a confié, trotter dans les sous-bois, galoper dans les plaines, et rester en selle, même quand le cheval prend peur et fait un écart. Si vous tenez, c'est signe que vous savez monter. Et un jour, en Normandie, sur les hauteurs de Lisieux, il faisait doux et beau, je suis donc parti seul avec un cheval, nous étions merveilleusement accordés lui et moi, le temps s'étirait à l'infini et soudain, il s'est produit un déclic, comme une révélation, comme le pilier de Notre-Dame pour Claudel. Je me suis dit : tu te trompes complètement, mon pauvre Jérôme. Ce bonheur que tu es en train de vivre avec ce cheval, c'est exactement celui qu'a connu ton père ! Peut-être qu'il a été « désarçonné », pour reprendre le titre d'un beau livre de Pascal Quignard sur les écrivains qui, depuis Montaigne et Agrippa d'Aubigné, sont tombés au galop de leur vie, mais c'est le cheval qui l'a sauvé de la mort d'Olivier, qui l'a soulagé, qui l'a déchargé de ses douleurs et de ses effrois, qui l'a porté, qui l'a élevé ! Et toi, tu accuses le cheval ? Mais le cheval n'y est pour rien. C'est seulement qu'un homme mauvais a confié un mauvais cheval au mauvais moment à un bon cavalier. Mais, pendant dix ans, l'union de ton père avec le cheval a été miraculeuse. Et c'est ainsi que, au petit trot, sous un ciel à la Boudin, j'ai été totalement libéré. Tout s'est inversé dans ma tête et dans mon corps. Ce que je voyais autrefois en noir Soulages, je le regardais désormais en bleu Dufy. À partir de cet instant, je me suis mis à monter un peu, beaucoup, passionnément, de plus en plus. Et sur le dos du cheval, j'ai commencé à écrire, en les rêvant, en leur faisant prendre de l'air, les premières pages de mes premiers livres. Jour après jour, mois après mois, année après année, la passion du cheval a été de plus en plus dévorante, exigeante aussi, et la selle est devenue ce divan en cuir auquel, toute ma vie, j'avais échappé. Avant même de rédiger *La Chute de cheval*, je l'ai conçu sur mes étriers, avec le sentiment que le cheval était le meilleur des confidents, qu'il m'écoutait, que je pouvais tout lui dire, et que, d'une certaine manière, il m'autorisait à raconter ce que je n'avais jamais osé raconter.

Vous dites « lui », était-ce un cheval en particulier ?

Au début, j'étais très volage. Je passais d'un cheval l'autre. Et puis, un jour, j'ai eu le mien, un trotteur âgé de 6 ans. Il ne valait pas un clou mais il avait du brillant dans les yeux, une tête en col-de-scygne, une robe baie, et j'en suis tombé fou amoureux. Il s'appelait Eaubac. J'ai tout fait avec lui : de longues promenades dans le pays d'Auge, des concours hippiques, des galops sur la plage, du dressage, et même un peu de cross. On ne se quittait pas. Vivre à Paris sans lui m'était difficile, je me dépêchais d'aller le retrouver. Mais j'ai dû le mettre au pré assez jeune, à 15 ans, parce qu'il avait le dos rongé par l'arthrose. J'ai continué ensuite de monter des chevaux, mais sans vouloir remplacer Eaubac. J'ai fini par lui trouver un successeur, Valrose, un selle français doué pour toutes les disciplines, généreux et voluptueux. Car il m'arrivait de penser que, si j'arrêtais de monter, j'arrêterais d'écrire, tellement j'avais associé les deux activités, qui sont pour moi très proches. Quand vous demandez à un cheval de vous donner une figure, un air et

Olivier et moi, à 16 mois, sur les genoux de notre mère, Françoise, à Saint-Laurent-sur-Mer. Avril 1958.

Olivier, 19 mois. Été 1958.

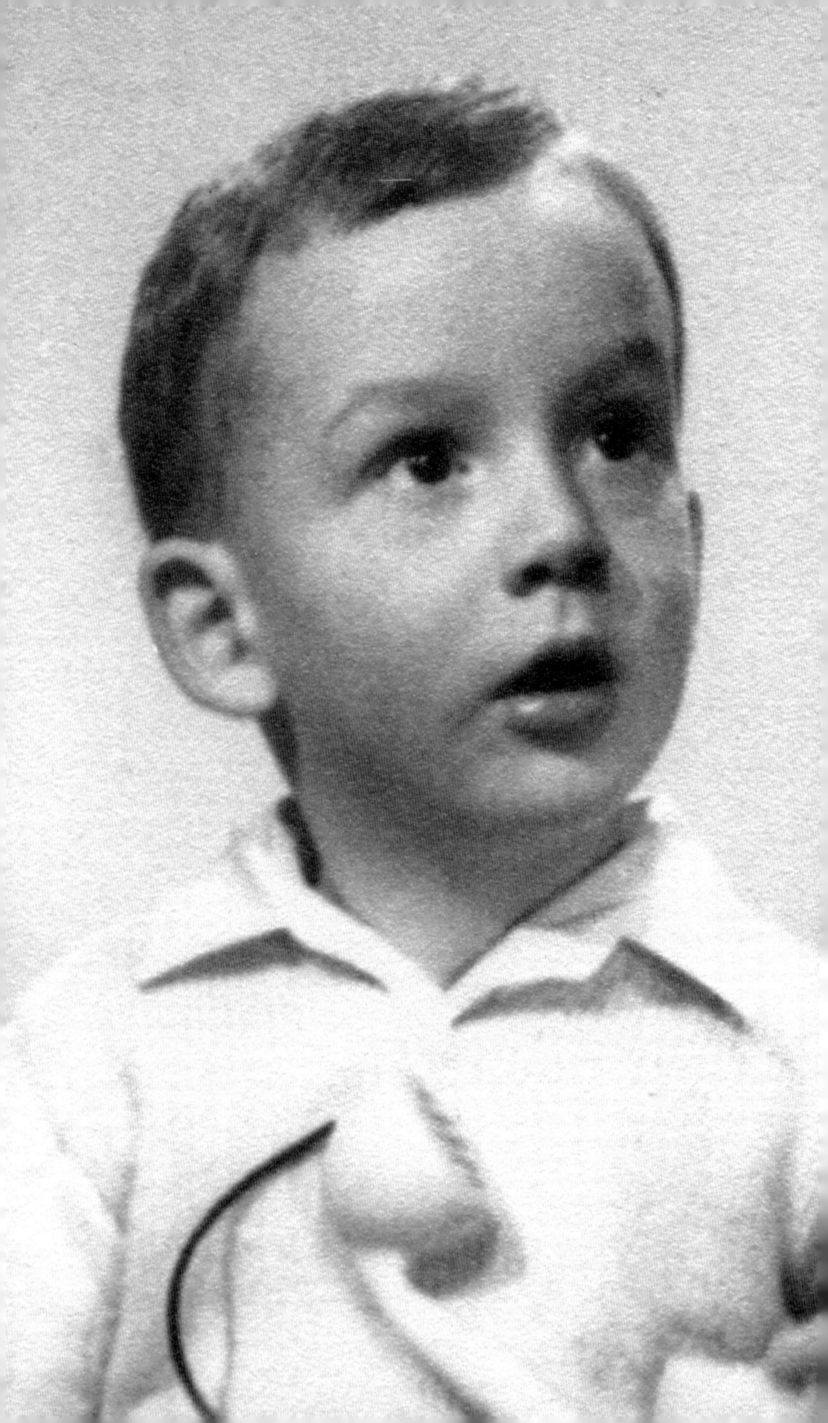

Olivier (à droite) et moi (à gauche),
au pied de Notre-Dame de Paris. Mai 1960.

Olivier.

Dans le jardin de Bray-sur-Seine, le jour de Pâques 1962. Olivier, entre nos deux cousines germaines, Catherine et Chantal, moi caché par notre troisième cousine, Anne.

Olivier (à gauche) et moi (à droite). Photo non datée.

Olivier (à gauche) et moi (à droite),
photo prise le jour même de l'accident, le 3 juin 1962.

Laurent et notre grand-père, Raymond Garcin, à Saint-Laurent-sur-Mer. Été 1967.

Je conduis Laurent, 3 ans, à cheval dans le club hippique de Saint-Laurent-sur-Mer. Été 1969.

Ma mère, Françoise. Photo non datée.

Mon père, Philippe Garcin, en promenade à cheval sur la plage de Saint-Laurent-sur-Mer, Omaha Beach. Fin des années 60.

Mes grands-parents maternels, Madeleine et Clément Launay, dans le jardin de Bray-sur-Seine.

Ma grand-mère paternelle, Yvonne Garcin, née Guillain, en février 1968, peu de temps avant sa mort dans un accident de la route.

La dernière photo que j'ai prise de mon père, dans une forêt des Yvelines, quelques mois avant sa mort accidentelle.

Adolescent, je lis *Les Mots* de Sartre.

Anne-Marie est Jeanne dans *L'Alouette*, de Jean Anouilh au Théâtre de Paris. 1982.

© Ina via AFP.

Jean-Michel Damian et moi-même recevons le ministre Jack Ralite sur le plateau de l'émission *Ouvert le dimanche*, le 20 juin 1982.

© Photo Radio France - Philippe Rochut.

Maurice Pialat, qui a reçu en 1991 le prix des Auditeurs du *Masque et la Plume* pour son film *Van Gogh*, revient en janvier 1993 à la tribune de l'émission pour rendre hommage à son ancien assistant, Cyril Collard, lauréat du même prix des Auditeurs pour son film *Les Nuits fauves*, qui, malade, n'a pas pu venir et allait mourir du sida le 5 mars 1993.

Avec Eaubac, mon trotteur français, au Brévedent (Calvados). Été 2005.

Galop sur la plage de Deauville, à la frontière de la mer et du sable. Le bonheur.

une attitude justes, vous vous approchez du travail de l'écrivain. J'ai toujours admiré chez les très grands cavaliers, Bartabas le premier, leur infinie patience. Il leur faut des mois, des années pour arriver à la pureté d'une épaule en dedans, la perfection d'un appuyer, l'amplitude majestueuse d'un passage, voire l'impossible révolution d'un galop arrière. Regardez-les monter, ils ont la jambe droite, les aides discrètes, tout l'énorme travail qui a précédé est soudain invisible. C'est de la beauté sans effort apparent. Et c'est un peu le rêve de l'écrivain : tout le travail pour arriver au mot juste, à la phrase bien cadencée, au piaffer littéraire, ne doit pas se voir. Si on le voit, c'est raté. Et j'aime l'idée que je dresse dans le sable du manège avec la même rigueur que je trace mes mots sur le papier. Ce sont donc les chevaux qui m'ont poussé à écrire, et je dirais même, qui m'ont autorisé à parler de moi. Ce fut si fort que j'ai même caressé le rêve, dans la quarantaine, de quitter le monde des piétons et jusqu'à mon métier pour ne plus me consacrer qu'aux chevaux. C'est dire à quel point cette passion est allée loin. Maintenant, je me suis calmé. Je suis redescendu sur terre.

À la fin de La Chute de cheval, *vous avez écrit une « hippothèque » (du grec* hippos, *« cheval ») pour que nous puissions découvrir un certain nombre de livres.*

À cette époque – quand j'écrivais *La Chute de cheval* –, j'étais encore réservé, tendance psychorigide. Je ne voulais pas consacrer tout le livre à la mort de mon père, jugeant que ce serait trop impudique et un peu complaisant. Autour de cet accident, j'avais donc placé des chapitres consacrés à Géricault, le peintre-cavalier, à la seconde « bataille d'*Hernani* » opposant le comte d'Aure à François Baucher, ou encore à l'ami Bartabas. L'hippothèque me servait à appuyer l'idée que ce livre n'était pas que sur moi ou sur mon père, mais aussi sur la passion du cheval et l'équitation. Je me cachais encore, je mettais des masques, je dissimulais mes blessures. Reste qu'il est aussi difficile de bien écrire sur les chevaux que de bien les monter. Dans *Fanfan la Tulipe*, il y a un long travelling de plusieurs minutes où mon beau-père, Gérard Philipe, tient debout au galop alors qu'il ne savait pas du tout monter à cheval. On voit bien, quand on est cavalier, à quel point tous ses gestes sont faux, mais il tient et vaillamment ! D'ailleurs, quand Christian-Jaque disait « coupez », il tombait. Un jour, on lui a demandé comment Gérard Philipe arrivait à tenir pendant un si long travelling, et le réalisateur a répondu tout simplement : « Gérard était si bon comédien que même le cheval croyait qu'il savait monter ! » Filmer un galop fou, comme celui de *Fanfan la Tulipe*, c'est formidable, pourvu que l'illusion soit respectée. Écrire sur les chevaux, c'est un peu la même chose : même le cheval doit croire qu'on sait écrire.

Est-ce que vous aimez lire sur l'art équestre ?

D'abord, je trouve que c'est très dur de peindre ou de filmer les chevaux, on ne sait jamais à quelle hauteur se mettre. Si vous vous placez en plongée ou en contre-plongée, ce n'est jamais vrai, il faut donc être à la même hauteur. Écrire sur les chevaux, c'est pareil, c'est difficile. Je n'aime pas le lyrisme, le romantisme, les mots trop emphatiques dans la littérature équestre. Ni l'anthropomorphisme. J'ai lu récemment un livre, qui était pourtant un beau sujet, où il était question de « passion chevaline ». Or, il y a des boucheries chevalines, mais pas de « passion chevaline »! Passion équestre, ça suffit. Loin de cette littérature grandiloquente sur les chevaux, certains livres sont, en revanche, devenus mes livres de chevet. Par exemple *Milady*, une nouvelle de Paul Morand, raconte l'histoire assez tragique d'un écuyer du Cadre noir de Saumur, dont la tenue est « boutonnée haut comme une soutane ». Ce chef-d'œuvre maigre résume, dans un style sanglé de hussard, la relation unique entre l'homme et le cheval. Morand, qui était cavalier, célèbre là les noces de la grande équitation, ou haute école, et de la littérature. Ainsi, entre les jambes de cet écuyer, Gardefort, « le cheval semblait pris comme un fleuve impétueux entre ses quais de granit ». Admirable!

Vous avez tenu un journal équestre, paru sous le titre Cavalier seul, *comme s'il était écrit au fil de la pensée, comme si, à cheval, vous faisiez corps avec l'animal et libériez votre esprit. Vous pensez que le mouvement du cheval favorise celui de la pensée ?*

Je me souviens de feu Axel Kahn, qui a partagé avec moi le goût des chevaux, notamment des trotteurs – ces chevaux mal aimés car ils ne paient pas de mine. Axel me répétait que certaines de ses idées majeures, de ses découvertes scientifiques lui étaient venues quand il montait en extérieur son trotteur. Des marins, des marcheurs, des cyclistes disent la même chose que les cavaliers : le corps en action favorise la pensée, excite la création, libère l'esprit. Je me souviens par exemple qu'un matin – c'est le moment où j'écrivais un livre sur François-Régis Bastide, l'écrivain de *La Vie rêvée* et de *La Fantaisie du voyageur*, le cofondateur et l'animateur du *Masque et la Plume* –, je galopais sur la plage de Deauville, et soudain, à la frontière du sable et de l'eau, je me suis dit : il faut que j'appelle mon livre « Son Excellence, monsieur mon ami », car il fut ambassadeur de France à la fin de sa vie, et quel ami c'était… C'est fou tout ce qui vient à cheval ! Mais, plus profondément, je crois que si j'aime monter, c'est parce que j'ai vraiment le sentiment que le cheval incarne une justice immanente, physique, charnelle. Par exemple, le cheval ne supporte pas la violence, il n'accepte les ordres que s'ils sont donnés avec justesse, douceur et empathie. Il faut être autoritaire, mais jamais brusque. Le cheval est un parfait juge de paix. Si vous abusez de la force, il fera des catastrophes. Le cheval vous rend exactement ce que vous lui donnez. S'il y a beaucoup de méchants cavaliers, il existe en réalité très peu de chevaux méchants.

Sauf Quinquina ?

Ce que je veux dire c'est que, même le cheval qui a tué mon père, si on ne l'avait pas sorti de son box, s'il était resté dans son écurie, dans son manège, dans sa carrière, si on avait respecté son caractère acariâtre, n'aurait jamais fait de mal à personne. Il a été mis dans des conditions qui l'ont rendu fou, qui l'ont déréglé. Cette idée de la justice me poursuit depuis l'accident d'Olivier.

Cela peut paraître paradoxal avec la culture équestre dont vous dites vous-même qu'elle est d'« inspiration chrétienne, militaire, masculine, aristocratique » – ça je crois que c'est moi qui l'ai ajouté – et « européocentriste ».

Non, car je suis le contemporain de l'évolution sidérante de l'équitation. Je n'ai pas connu ce qu'a connu peut-être mon père, et avant lui, ces instructeurs d'équitation qui étaient tous issus du Cadre noir ou de l'ordre militaire. Le Cadre noir est la plus grande école d'équitation française. Elle se trouve à Saumur, et donne encore des galas de prestige afin de perpétuer un art, celui de l'équitation à la française, dont les traités remontent à La Guérinière et à l'École de Versailles. Depuis la nuit des temps, l'équitation était à 90 % masculine et les chevaux, plus lourds que ceux d'aujourd'hui, étaient montés dans la force et la puissance. Les cavaliers au teint couperosé chargeaient, aussi bien à l'obstacle qu'en endurance. Ils donnaient l'impression de chasser à courre, même sans gibier. Or, je suis le contemporain d'un renversement total de l'équitation. Désormais, l'équitation est à 75 % féminine. Ce sont les femmes qui règnent maintenant sur la plupart des centres équestres, devenus des gynécées. Cette féminisation a même joué secrètement, presque de façon invisible, sur l'évolution des races : les chevaux sont beaucoup plus racés, fins, moins lourds qu'autrefois. L'on a fait disparaître des manèges et des carrières tout ce qui était militaire, autoritaire et de noir vêtu. On n'est pas loin de l'art chorégraphique. D'ailleurs, cette évolution ressemble un peu au parcours personnel de Bartabas qui montait furieusement ses chevaux pour ses premiers spectacles, et qui, aujourd'hui, de manière scénographique, obéit à une loi plus féminine – lui-même peut devenir assez androgyne lorsqu'il monte certains chevaux. Donc, l'évolution de l'équitation – et pas simplement en France – correspond exactement à ce dont j'ai toujours rêvé, c'est-à-dire une relation avec le cheval qui, pourvu qu'elle ne tombe pas dans une passion trop exclusive, obéit aux lois de la nature et au sacre des femmes. On ne monte plus dans la force, le cheval est souvent au bord de ce qu'il est en liberté. Il n'y a plus besoin de doubles mors, d'éperons aiguisés, de cravaches cinglantes. Tout cela appartient au passé. L'équitation patriarcale est bel et bien morte. La relation s'est équilibrée. Alors je suis heureux de ne pas avoir hérité de ce qu'il y avait de pire et de rigide dans l'équitation militaire, et d'aller au contraire vers une souplesse qui, pour moi, est l'exacte mesure de la relation entre l'animal et l'être humain.

À quel moment arrive l'artiste-écuyer Bartabas dans votre vie ?

Je le rencontre au début des années 1990. Il crée ses sublimes spectacles au fort d'Aubervilliers dans le théâtre équestre Zingaro : *Chimère*, *Éclipse*, *Triptyk*… et je suis fasciné par la beauté de ses représentations et par cet homme qui est hors cadre, hors la loi et hors sol. Bartabas n'est pas un champion d'obstacles, mais il propose un art incroyable. Au début, j'y vais en spectateur, en amoureux de ces spectacles. Puis, naît une amitié très forte entre lui et moi. Il occupe peu à peu la place du jumeau perdu – on a le même âge à quelques mois près. Lui se reconnaît également dans ce que j'écris et l'expression

« trotter ou galoper botte à botte » prend tout à coup sens. Un jour, je ne l'oublierai jamais, on est partis tous les deux galoper dans les allées du parc de Versailles où il a créé une académie d'art équestre, et j'ai eu le sentiment physique, le long du Grand Canal, de quelque chose de gémellaire. Depuis, il n'écrit pas certaines de ses pages sans me les montrer, je ne monte pas sans l'appeler. C'est une amitié lumineuse parce qu'elle est née de l'amour des chevaux, qu'on partage lui et moi, sauf que lui les sublime, alors que je ne suis qu'un simple cavalier écrivain. Mais notre relation est très puissante et surtout très fertile, presque pas un jour sans qu'on se téléphone, se parle de nos projets respectifs, partage nos bonheurs ou nos malheurs. Sans qu'on rigole aussi ! Il est aujourd'hui mon meilleur ami, le plus sûr, le plus fidèle.

C'est intéressant ce que vous dites parce que, quand on lit Bartabas, roman *(Gallimard, 2004), le livre que vous lui avez consacré, on comprend à plusieurs reprises que c'est comme si Bartabas vous sortait de vous-même. Il a un côté miroir, double inversé. Pour que l'on comprenne de quoi il s'agit, je vais lire un extrait :*

« Il contrariait tout ce qui, chez moi, était réglé comme un carrousel à l'ancienne : car j'étais plein de Stendhal et de Bach, de Renaissance italienne et de la prose cristalline des Lumières, de jardins à la française et de brumes anglaises, de jeunes filles giralduciennes et de Liaisons dangereuses, *de lumière angevine (où monter, en rêve la susceptible Milady de Paul Morand) et de futaies augeronnes (sous lesquelles rendre à Eaubac, avec gratitude, tout qu'il voulait bien m'offrir). Et voici que je découvrais soudain un univers clos où le sacré n'était pas caché dans les basiliques, où la poésie était sans texte, le privilège sans luxe et la musique sans partition, où la Volga se jetait dans le Gange, où les chevaux étaient des auxiliaires sensibles de la fugue et l'expression silencieuse, cadencée d'une prière inédite. »*

Et à un autre endroit, vous ajoutez :

« J'avais une vie, et Clément avait un destin. J'ai été consciencieux, il a été déraisonnable [...]. *J'ai muséifié mon passé, il a mis en scène son avenir. Après la mort de mon*

frère jumeau, j'ai établi que le temps m'était compté ; lui a toujours agi comme s'il était éternel et invincible. J'ai eu très tôt le besoin de m'installer, il a su très vite que toujours il nomadiserait. Je me suis éloigné du spirituel, il va de plus en plus vers le sacré. J'ai cru que la vérité était dans les livres, il a choisi le geste contre la parole et l'image contre le texte. J'ai maintes fois rêvé de changer le monde, il n'a cessé de vouloir le recréer à sa manière. J'ai tardé à me réconcilier avec les chevaux, il les a, dès l'enfance, préférés aux hommes. Ils ont changé ma vie, ils ont fondé la sienne. »

En effet, nous sommes complémentaires. Simplement, lui a osé faire ce que je n'ai jamais osé entreprendre. Son vrai nom est Clément Marty, mais il a choisi de tout sacrifier pour se forger une nouvelle identité, créer son propre monde et devenir Bartabas. À l'heure où l'on se parle ce soir, il vit toujours dans une caravane verte et rouge, à Aubervilliers, il a fait le choix d'une vie nomade, d'une vie de gitan, d'une vie de liberté. C'est une audace incroyable que je n'aurais jamais pu ni su avoir ! Et surtout, il a créé un art qui n'existait pas avant lui. Un art qui rassemble et exalte à la fois l'art équestre, les musiques du monde, la danse, la poésie, la mystique, la sculpture vivante, la danse. Un art qui nous dédommage de toutes les horreurs du monde… C'est un de nos derniers démiurges. Il a inventé un univers qui disparaîtra avec lui. Il y aura, j'en suis convaincu, un avant et un après Bartabas. Et cela provoque chez moi une immense admiration, une très grande émotion et une affection fraternelle.

Et cela provoque des étincelles dans vos yeux quand vous en parlez.

Théâtre intime

« Théâtre intime », c'est le titre d'un livre paru en 2003 dans lequel vous racontez notamment votre rencontre avec celle qui va devenir votre femme, fille d'un mythe moderne, l'acteur Gérard Philipe, qui a eu une carrière fulgurante et qui a marqué des générations de spectateurs. Autrement dit, j'aimerais que vous nous parliez de cette famille de cœur que vous vous êtes choisie. « Théâtre intime » aussi parce que nous pourrons aborder la scène de votre *théâtre qui comporte d'autres personnages hauts en couleur sur lesquels vous avez écrit. Commençons donc par la famille Philipe. Vous avez d'abord rencontré celle qui fut la femme de Gérard.*

Oui, j'ai commencé par rencontrer Anne, la veuve de Gérard Philipe, un comédien qui, pour ma génération, était une légende du cinéma, grâce évidemment à *Fanfan la Tulipe*, et dont les lectures, gravées sur des 33-tours, de *Pierre et le loup* et du *Petit Prince*, avaient bercé mon enfance. Mais il n'était pas pour moi une mythologie pour la simple et bonne raison que je ne l'avais pas vu à Chaillot ou Avignon dans ses grands rôles au théâtre, le Cid, le prince de Hombourg ou Lorenzo de Médicis. Et pour cause, il est mort en 1959, je suis né en 1956. Le mythe Gérard Philipe appartient à la génération qui m'a précédée, pour laquelle il a été, au sortir de la guerre, une sorte d'acteur national, le visage angélique de la France ressuscitée. Pourquoi préciser cela ? Pour mieux comprendre dans quel état d'esprit j'ai écrit, à l'époque, à Anne Philipe. J'avais alors 16 ans et demi. Après avoir perdu mon jumeau, je venais de perdre mon père. J'étais désemparé, en pleine détresse. Dans la révolte, aussi. J'étais obsédé par la mort, par le scandale de la mort. Je lisais compulsivement tous les livres qui en parlaient. Et je suis tombé, par hasard, sur *Le Temps d'un soupir*. C'est le récit dans lequel Anne Philipe dit adieu à Gérard, son amour fou, emporté à 36 ans, et qu'elle a mis en terre dans son pourpoint du *Cid.* Ce livre, où elle écrit vouloir « éterniser le fugitif », me parle tellement que j'en souligne presque chaque phrase, comme si elle était de moi. Anne Philipe met des mots sur mon chagrin, elle donne raison à ma douleur. Elle m'élève. Ce qu'elle écrit est pourtant très sombre. Elle est profondément athée, elle ne croit ni à une vie après la vie ni à la présence des morts. Elle décrit même la pourriture du corps, sous la terre, de celui qu'elle a aimé. Et pourtant ce livre me parle de bout en bout et me réconforte. Alors, j'écris à cette femme que je ne connais pas une lettre sincère et maladroite, que j'envoie chez son éditeur, comme on lance une bouteille à la mer. Quelques jours plus tard, elle répond à l'adolescent déboussolé que j'étais avec ces mots : « Merci de m'avoir écrit. Votre lettre m'a touchée. Je crois que la mort n'empêche pas de croire à une forme de bonheur et de beauté. Peut-être que la découverte de la médiocrité est pire que celle de la souffrance. Si je puis vous aider, dites-le-moi. Je vous souhaite une vie riche de tout ce qu'elle peut donner. » En somme, elle me dit que la souffrance est un privilège, presque une chance, et qu'il ne faut pas se détourner de ce qui vous fait souffrir. Très ému par sa réponse, je lui écris à nouveau. Et elle me répond. Et, de lettre en lettre, elle finit par me proposer de passer la voir, chez elle, au 17, rue de Tournon, au pied du Sénat. Elle m'accueille avec une infinie bienveillance. Et je découvre une femme impressionnante d'intelligence, d'élégance, de grâce et de douceur.

Elle a 60 ans à l'époque, vous en avez 18.

Oui, mais pour moi, elle n'a pas d'âge. Ni même de notoriété. Elle est moins la veuve du comédien glorieux entré dans la légende que l'autrice du *Temps d'un soupir*. Seul ce livre compte pour moi. Il aurait été signé par une Mme Durand, cela n'aurait rien changé au choc que j'ai éprouvé à sa lecture. Ce n'était pas l'ombre portée du Cid qui me touchait dans son histoire, c'était la célébration de la perte de l'être aimé. Donc j'arrive chez elle, dans cet appartement tout moquetté de bleu au 2e étage, les fenêtres donnant sur la rue de Tournon, et commence alors, entre nous, une amitié magnifique. Je vais aller chez elle de plus en plus souvent, pour déjeuner ou prendre le thé. Elle me parle de son travail d'éditrice (elle dirigeait alors une collection chez Julliard, « L'Atelier Anne Philipe »), de ses voyages d'ethnologue en Chine, des textes qu'elle écrit, des livres qu'elle lit, et elle me fait des confidences sur sa vie avec ce mari toujours en tournée, en scène et sur les plateaux. Il faut savoir que c'était une femme incroyablement secrète et discrète, qui parlait peu de Gérard et se protégeait terriblement. Car, à la fin des années 1970, elle était sans cesse importunée. Elle m'avait raconté qu'un matin, elle avait ouvert les volets de ses fenêtres sur la rue de Tournon et qu'elle avait vu sur le mur d'en face, tagué, ou plutôt peinturluré en lettres rouges et en énorme : « Cid n'est pas mort ! » Elle ne marchait jamais dans la rue tranquillement. Il y avait toujours des gens délirants qui refusaient d'accepter la mort de Gérard Philipe, et qui l'accostaient sur le trottoir pour lui tenir des propos déraisonnables. Avec moi, certainement parce que j'étais d'une autre génération, elle était en confiance. Jusqu'à me décrire ce que furent les derniers jours de son mari. C'est ce qui m'a permis et autorisé à écrire un jour *Le Dernier Hiver du Cid*. Notre amitié était très belle et très littéraire. Je lui ai fait rencontrer des écrivains que j'aimais, dont le poète et romancier suisse Jacques Chessex, qui avait reçu le prix Goncourt pour *L'Ogre*. Elle m'a fait découvrir un écrivain que je connaissais à peine et pour lequel j'ai éprouvé aussitôt une passion : Georges Perros, l'auteur des *Papiers collés,* qui fut aussi comédien et le meilleur ami de Gérard. Enfin, le hasard fait qu'un jour, alors qu'on prenait le thé chez elle, rue de Tournon, est entrée dans l'appartement une jeune fille blonde, ravissante, une princesse un peu canaille, qui portait une longue chemise blanche et les cuissardes de *Fanfan la Tulipe*. Elle était suivie d'un petit chien fou et adorable, Ludo. Elle est passée devant nous avec l'indifférence narquoise qu'on éprouve pour les « copains de sa mère » et elle est allée chercher des affaires dans ce qui était sa chambre de jeune fille, car elle n'habitait plus là depuis belle lurette. Et puis elle est repartie en lançant un « Salut ! » un peu provoquant. Moi, j'étais tombé raide amoureux. Je devais faire les yeux de Tex Avery.

Elle a refermé la porte derrière elle et Anne m'a dit, sur un ton laconique : « Ma fille. » Aussitôt, je lui ai demandé le numéro de téléphone d'Anne-Marie pour pouvoir l'inviter, le 31 décembre, chez des amis. La suite, vous la connaissez. J'ai épousé la femme de ma vie. Plus de quarante ans plus tard, ce bonheur est intact. Sans la lecture du *Temps d'un soupir*, je n'aurais jamais rencontré celle qui a donné un sens et des fondations à mon existence. Ce qui ne m'a pas empêché de continuer à rendre régulièrement visite à Anne, qui d'ailleurs me parlait très bien de sa fille. Elle admirait chez Anne-Marie le courage d'être actrice, et quelle actrice ! malgré le poids de la légende paternelle. À l'époque où je l'ai connue, Anne-Marie jouait *Ruy Blas* aux Tuileries, *La Nuit de l'iguane* de Tennessee Williams aux Bouffes du Nord, elle travaillait avec Andreas Voutsinas, elle faisait aussi des stages de shinto au Japon, sur les conseils de son mentor d'alors, Peter Brook, elle avait la grâce. Anne était toujours partagée entre cette admiration et cet amour qu'elle avait pour sa fille, et l'inquiétude permanente de la voir prendre le chemin difficile, exigeant de la scène. Je crois, je sais, que notre union a rendu Anne très heureuse et l'a rassurée. La mère a reporté sur moi les soucis qu'elle se faisait pour sa fille. Ensuite, ce furent, jusqu'à la mort d'Anne, en 1990, des années merveilleuses. On passait nos étés ensemble à Ramatuelle, dans cette vieille ferme dont Gérard avait retapé lui-même les terrasses et les murets, où il avait planté, herborisé, rêvé, et où Anne débordait de tendresse pour notre premier enfant, Gabriel. Tous ces lieux de la famille Philipe, la rue de Tournon, Ramatuelle, mais aussi la maison et le jardin de Cergy sur les bords de l'Oise, m'ont permis d'écrire *Le Dernier Hiver du Cid*, qui aurait été sinon un livre sans décors, sans paysages, sans incarnation. D'ailleurs, j'ai toujours besoin de lieux pour écrire, je me demande même si je ne suis pas davantage inspiré par les paysages que par les personnages.

Vous avez épousé une femme qui avait aussi perdu son père très jeune en l'occurrence.

Évidemment, il y a entre Anne-Marie et moi, depuis la première heure, ce lien très fort qui unit de jeunes orphelins de jeunes pères. D'une certaine manière, nous étions faits pour nous rencontrer. Et en même temps, en l'épousant, j'entrais dans une famille, qui m'aimait mais qui était à l'exact opposé de la mienne. Les Philipe, c'était le monde du spectacle, du théâtre, du cinéma, de l'engagement politique permanent, de la gauche communisante, de l'athéisme, des festivals de Cannes et d'Avignon, alors que je venais d'un autre monde, catholique, hippocratique, littéraire, austère et dissimulé. Et pourtant, ces deux mondes se sont merveilleusement complétés avec, notamment, une très émouvante relation entre mon grand-père, Clément Launay, le pédopsychiatre, et Anne, que tout ce qui touchait à la science et à la médecine passionnait.

Et vous avez découvert que votre grand-oncle avait opéré Gérard Philipe.

Un soir, on parlait avec Anne des derniers instants de Gérard et, soudain, elle m'a parlé de ce moment cardinal : en novembre 1959, à la clinique Violet, le chirurgien a ouvert et puis refermé sans opérer. Ce qu'on croyait être des abcès amibiens que Gérard aurait contractés en Amérique latine quand il y tournait *La fièvre monte à El Pao* était en fait un cancer primaire du foie, absolument inopérable. Alors, Anne a demandé à ce chirurgien combien de jours, combien de semaines, il lui restait à vivre. Peu de temps, lui a répondu en substance le chirurgien. C'est à ce moment-là qu'elle a pris la décision de ne rien en dire à Gérard, de lui cacher la vérité, d'ignorer devant lui l'issue fatale, imminente.

C'est ce que vous racontez dans Le Dernier Hiver du Cid.

Et ce qu'Anne raconte si bien dans *Le Temps d'un soupir*. Elle me dit, ce soir-là, rue de Tournon: « Tu sais, c'est une décision très difficile à prendre, de cacher la vérité à l'homme qui va mourir et qu'on aime. » À l'époque, quand ça s'est su, on le lui a d'ailleurs beaucoup reproché. Heureusement, il n'y avait pas encore de réseaux sociaux. « Ce choix-là, je ne l'aurais pas fait de manière aussi radicale si je n'avais pas été aidée par le chirurgien. » Je lui demande qui était ce médecin qui avait été à ses côtés dans cet instant si difficile. Elle me dit : « C'est le professeur François de Gaudart d'Allaines. » Je n'en crois pas mes oreilles : « Mais c'est mon oncle, enfin, mon grand-oncle ! » Elle comme moi ne croyons pas au hasard, nous croyons plutôt au destin, et nous nous sommes dit que tout cela était forcément écrit… Ce grand-oncle que j'allais voir très souvent chez lui, boulevard de Montparnasse et dans son joli château de Sologne, a donc joué un rôle déterminant, il a œuvré dans l'ombre pour qu'Anne prenne cette décision. Une décision juste, car ma conviction, qui est aussi celle d'Anne-Marie, c'est qu'évidemment Anne a menti à Gérard, or quelqu'un qui va mourir sait qu'il va mourir, donc notre conviction absolue, c'est que Gérard aussi a menti à celle qu'il aimait afin de la ménager. Les deux se sont épargnés. C'est un double mensonge d'amour. Il savait très bien qu'il allait mourir, et elle savait très bien – ou du moins, elle pressentait qu'il savait –, mais ils se sont accordés dans ce beau mentir-vrai.

Vous disiez que vous étiez plus inspiré par des paysages que par des personnages, et pourtant votre œuvre est riche de personnages : Gérard Philipe en est un et vous lui avez consacré un livre, Le Dernier Hiver du Cid. *Vous avez écrit des romans biographiques, des biographies romancées ou des exercices d'admiration sur des personnages qui vous inspirent : Jean Prévost, Barbara, Jacques Lusseyran, Jean de La Ville de Mirmont, Bartabas, Hérault de Séchelles, Étienne Beudant, François-Régis Bastide, sans compter les « personnages » de votre famille déjà évoqués… Et dans votre passion dévorante pour la littérature, vous côtoyiez déjà des figures : Stendhal, Colette, Kierkegaard, sur lequel vous avez fait un mémoire…*

Les personnages me plaisent, m'excitent, provoquent mon envie d'écrire sur eux, mais je ne peux bien en parler que si je les place dans des paysages que je connais. Je suis incapable de faire de ces personnages des figures théoriques, irréelles, abstraites, j'ai besoin de les disposer dans des lieux dont je suis familier. J'ai une passion pour l'œuvre de Colette – que je tiens pour l'une des plus grandes écrivaines de langue française –, parce que tout chez elle est charnel, gourmand, physique, ce sont des régions de France, de la Puisaye à la Côte d'Azur, de la Bretagne au Palais-Royal, des parfums, des animaux, des objets, des couleurs, du relief... J'ai besoin de cela pour écrire. Je pense que si je n'avais pas connu ces lieux-là, il m'aurait manqué un élément essentiel pour raconter la vie de Gérard Philipe. Mon premier livre était consacré à un résistant, Jean Prévost, un écrivain de la NRF et de l'entre-deux-guerres, à l'époque peu connu, l'auteur de *Dix-huitième année*, des *Frères Bouquinquant*, de *La Création chez Stendhal*, un très grand texte écrit au début de la dernière guerre. Cet écrivain est devenu résistant et a été, dans le Vercors, l'intrépide capitaine Goderville, à la tête d'une compagnie. Dans la journée, les armes à la main, il commandait à ses hommes et quand le soir tombait, il allait sous sa tente pour rédiger un essai sur Baudelaire. Ainsi, il se battait le jour, et poétisait la nuit. Jean Prévost a été tué par les Allemands en 1944, au moment où le massif du Vercors a été pris d'assaut par la Wehrmacht. Je n'aurais pas pu écrire sur Prévost, cet enfant du pays de

Caux, ce Cauchois de cœur et de corps, si je n'avais rôdé à Yvetot, son pays natal, et si je n'étais allé dans le Vercors, où il s'est battu. Évidemment, j'aurais pu l'écrire sans y être allé, mais les lieux m'ont inspiré, je dirais même porté. La part de fiction est indispensable dans ces textes, c'est pour cela que ce ne sont pas des biographies au sens strict. Il y a ainsi, dans la vie brève de Gérard Philipe, des faits, des dates irréfutables, qui sont dans mon livre, mais il y a aussi des choses que j'ai dû inventer, comme cette clinique de la rue Violet, à Paris, qui a été détruite il y a bien longtemps.

C'est pour cela que ce sont plutôt des récits, voire des romans, au départ.

Pour écrire *C'était tous les jours tempête*, qui raconte le destin de Hérault de Séchelles, avocat du roi, puis député de la Convention (il siégeait avec les Montagnards), rédacteur de la Déclaration des droits de l'homme et du citoyen en 1793, auteur d'une *Théorie de l'ambition*, mais guillotiné en 1794, je suis allé à Épône où il a vécu. J'ai besoin des paysages pour voir les traces de l'homme. Le seul finalement dont je n'ai pas eu à voir les paysages, et pour cause, mais je les ai sentis en revanche, c'est Jacques Lusseyran à qui j'ai consacré un livre, *Le Voyant*. Jacques Lusseyran est devenu aveugle à 8 ans de manière accidentelle. Fondateur, à 17 ans, du premier mouvement de résistance lycéen à Louis-le-Grand, il a été incarcéré à Fresnes puis déporté à Buchenwald. Il a tiré de cette expérience horrifique un livre admirable, *Et la lumière fut*. La première fois que je l'ai lu, j'ai eu le sentiment troublant que je lisais un texte en braille. Et l'autre choc, c'est la description de l'enfer d'un camp de la mort par quelqu'un qui ne le voyait pas. C'est une expérience littéraire absolument inouïe. Quand j'ai écrit sur lui, je ne dirais pas que j'ai fermé les yeux, mais les paysages ont été pour moi secondaires, je les ai volontairement plongés dans l'obscurité. Étienne Beudant, *L'Écuyer mirobolant*, est aussi né dans les paysages marocains où il a servi, où il a monté, et que j'ai longuement arpentés. Tous ces personnages ont en commun d'être morts jeunes. Allez comprendre, je ne sais pas écrire de romans biographiques sur des destins qui vieillissent.

On met de côté Bartabas, François-Régis Bastide…

Bastide, c'est différent, et je ne parle pas des vivants, la Anne-Marie de *Théâtre intime* ou le Bartabas de *Bartabas, roman.* Mais beaucoup de « mes » personnages ont eu en effet des vies brèves : Gérard Philipe, mort à 36 ans, Jean Prévost, tué par les Allemands à 40 ans, Hérault de Séchelles, trentenaire quand il a été guillotiné, Jacques Lusseyran, qui avait 46 ans lorsqu'il a perdu la vie dans un accident de la route, Jean de La Ville de Mirmont, qui m'a inspiré *Bleus Horizons*, le poète bordelais de *L'Horizon chimérique* et le romancier de cette merveille que sont *Les Dimanches de Jean Dézert*, tué par un obus sur le chemin des Dames en novembre 1914, il n'avait que 27 ans et tant de grandes pages encore à écrire.… Je vous raconte cela comme si c'était évident, mais, au début, je ne me rendais pas compte que je faisais des choix littéraires exclusivement consacrés à de jeunes morts, des feux follets.

Après, c'est devenu intentionnel ?

Au début, c'était totalement inconscient, après, en effet, c'est devenu intentionnel. En somme, j'ai passé mon temps à transposer dans mes livres, fussent-ils romancés, mes obsessions intimes et mes convictions : c'est vrai pour Prévost, pour La Ville de Mirmont, et pour tous les autres, une vie brève peut être d'une richesse incroyable. Même aujourd'hui, les gens ont du mal à comprendre et à imaginer que l'acteur Gérard Philipe ait pu, en mourant à 36 ans, jouer d'aussi grands rôles de théâtre, tourner un, deux, voire trois films par an, avoir en plus une activité syndicale – il a créé le syndicat des acteurs – et s'engager en politique. Tant de belles choses en si peu de temps ! C'est à peu près inimaginable ! Ce que d'autres, qui meurent à 95 ans, n'ont pas réussi à faire, lui l'avait fait à moins de 36 ans. On peut donc lire mes livres comme une défense et illustration des œuvres, le plus souvent inachevées, des jeunes morts, des vies brèves, mais pleines. Je crois beaucoup à cela : la plénitude de la brièveté. Étienne Beudant, cet écuyer mirobolant, a arrêté de monter dans la fleur de l'âge parce qu'il ne pouvait plus physiquement, mais ce qu'il avait montré avant était l'essence même de son art équestre.

Ce sont des vies brèves, mais ce sont aussi des livres brefs. Est-ce volontaire ?

Cela dépend un peu lesquels, mais il est vrai qu'il y a deux raisons. D'abord, je trouverais inconvenant de consacrer un gros livre à un être d'exception qui a peu vécu. Il y a eu plein d'épaisses biographies, remarquables d'ailleurs, de Gérard Philipe, mais moi, je ne m'imaginais pas écrire un livre qui ne fût maigre pour rendre compte précisément des derniers mois d'une vie brève. Et la seconde explication, pour dire la vérité, c'est que je suis intraitable avec moi-même. Je passe plus de temps à enlever qu'à ajouter. Certains livres, le dernier par exemple – ou plutôt le nouveau –, *Mes fragiles*, faisait à peu près le double. Donc je n'ai cessé d'enlever, d'enlever, d'enlever. Pas tant par souci d'aller à l'os, que par crainte de tomber dans la complaisance. J'ai toujours peur que les sentiments, l'émotion, l'admiration basculent dans la complaisance. J'ai retenu de Boileau – « Ajoutez quelquefois et souvent effacez » – qu'il fallait enlever, et j'aime l'idée que cette maigreur soit aussi un peu un garde-fou. *Olivier* était presque trois fois plus important que ce que j'ai publié. J'ai enlevé aussi parce que je ne voulais pas qu'un enfant d'à peine 6 ans survive dans un livre où je parlerais davantage de moi, du survivant, du rescapé, que de celui qui a disparu. J'ai donc enlevé pour rétablir l'équilibre. À l'époque où j'écrivais exclusivement à la main, j'étais le plus grand consommateur de gommes et de Tipp-Ex qui soit. Mais je crois qu'on gagne toujours à supprimer et là, c'est le lecteur qui parle. Je pense que certains auteurs en rajoutent. J'ai le même sentiment aujourd'hui en tant que spectateur de cinéma : cette tendance à en rajouter, à rallonger est rarement nécessaire. Ce sont les raisons qui font que je fais attention à mon poids.

Est-ce que cela fait de votre œuvre un ensemble homogène ? Est-ce que tous les livres se répondent comme une ronde ?

C'est une ronde, comme dirait Ophüls, mais c'est d'abord une villégiature de papier, si possible au bord de la mer. J'aime bien cette idée que, dans cette maison imaginaire que j'ai construite, baignée dans la lumière d'un jour sans fin, je rassemble non seulement les miens, mes chers disparus, mais aussi ceux que je n'ai pas connus et que j'admire. Je vais même jusqu'à rêver que, dans cette maison, tout en regardant la mer, mon père et Gérard Philipe deviennent les meilleurs amis du monde, que ma mère ouvre ses bras tendres à Olivier, que Jean de La Ville de Mirmont sympathise avec Hérault de Séchelles, que Jean Prévost est le frère d'armes de Jacques Lusseyran, que mes fragiles trouvent de la force auprès d'Étienne Beudant, et que je leur prépare, à tous, un bon dîner, un dîner festif.

Nos dimanches soir

Nos dimanches soir*, c'est le titre d'un livre « abécédaire », allusion au* Masque et la Plume*, cette émission dominicale culte qui a été créée en 1955 et que vous animez et produisez depuis 1989, après y avoir été critique. C'est une facette de votre métier de journaliste culturel, l'autre étant la critique littéraire écrite, depuis* Les Nouvelles littéraires *jusqu'à* L'Obs *en passant par* L'Événement du jeudi *(je ne donne que les principaux). Vous êtes, vous nous l'avez dit, ou plutôt vous n'êtes pas un homme de* la *parole. Mais vous êtes sans doute, on le sent, un homme* de *parole. Écrire paraît pour vous plus naturel que parler, vous avez beaucoup plus travaillé sur vous en écrivant vos livres qu'en parlant de votre histoire, et pourtant vous avez fondé, alors que vous étiez tout jeune en khâgne,* *une revue qui s'intitulait* Voix, *et vous êtes la voix d'une émission radiophonique depuis plus de trente ans. Est-ce que ce n'est pas un paradoxe ?*

Oui, c'est un paradoxe et vous avez raison. Tout, depuis mon plus jeune âge, me destinait à l'écrit, rien qu'à l'écrit. Ma nature était d'un timide, voire d'un introverti. Je me sentais très peu apte à parler – à parler de moi, n'en parlons pas ! J'avais tendance, autrefois, à bouffer mes mots, à précipiter mes phrases, à courir oralement. Je me demande si je ne faisais pas tout pour qu'on me comprenne le moins possible. Je détestais m'exprimer en public. Alors qu'écrire m'était aussi naturel que de respirer. C'est la raison pour laquelle ma carrière professionnelle s'est faite sans ruptures dans la presse écrite. C'est mon socle, mon armature. Je suis entré à 19 ans aux *Nouvelles littéraires,* et puis j'ai dirigé les services culturels de *L'Événement du jeudi,* ensuite de *L'Express,* avant de rejoindre *Le Nouvel Observateur,* devenu *L'Obs,* il y a vingt-sept ans. Alors, c'est vrai, pendant toutes ces années, j'ai fait de la télévision et de la radio. Mais je n'aurais pas pu vivre sans écrire dans des journaux, sans respirer du papier.

C'est la basse continue, l'écriture.

Oui, j'aime bien votre expression musicale : la basse continue. Hors l'écrit, c'était du spectacle. Je me souviens très bien de mes débuts un peu surréalistes à la télévision. J'avais 24 ans en 1981, je travaillais avec Jean-François Kahn à *L'Événement du jeudi*, François Mitterrand venait d'arriver au pouvoir et avait nommé à la tête de FR3 son ami Serge Moati, qui avait filmé la mémorable visite, une rose à la main, du nouveau président au Panthéon. À peine assis dans son fauteuil de patron de chaîne, Moati m'avait appelé pour me proposer d'animer avec Jean-Michel Damian (lui, la musique, moi, la littérature), une émission culturelle de trois heures, chaque dimanche après-midi, qui s'appelait *Ouvert le dimanche*. Je n'avais évidemment jamais fait de télé. La première fois, j'étais tétanisé par la caméra et paniqué par l'énorme machinerie de cette émission qu'on enregistrait dans les immenses studios de la SFP, aux Buttes-Chaumont. J'avais le sentiment, moi le critique littéraire habitué à lire et écrire dans l'ombre, d'être une sorte de clown cravaté, à la démarche empruntée. Je me forçais à être à l'aise sous les projecteurs et face à la caméra, mais je n'en menais pas large. Je me disais tout bas : si mon père me voyait, sur ce plateau où se bousculaient des chanteuses, des acteurs, des cinéastes, des écrivains en vue, il en rirait ou peut-être même me le reprocherait…

Ce n'était pas naturel car ce n'était pas votre culture.

Pas plus que de faire de la radio. À la fin des années 1970, j'avais cette fois 22 ou 23 ans, je ne sais plus, j'étais rédacteur aux *Nouvelles littéraires* lorsque j'ai reçu un appel de Martine de Rabaudy. Elle était l'assistante de l'écrivain et éditeur François-Régis Bastide, qui animait avec maestria *Le Masque et la Plume* depuis sa création. « François-Régis vous lit dans *Les Nouvelles littéraires*, m'a-telle dit, et il souhaiterait que vous veniez à la tribune du *Masque* pour la rajeunir un peu. » Je réponds pourquoi pas, car je suis un fan de l'émission depuis mon adolescence, mais sans trop savoir où diable je m'aventure. Et je débarque, quelque temps après, au studio 104 de la Maison de la Radio, plein à craquer avec son millier de spectateurs. En entrant, j'ai bien cru que j'allais m'évanouir. Un trac fou. Des gouttes de sueur. Je me souviens avoir bafouillé pendant l'émission, terrifié à l'idée de ne pas être à la hauteur et de devoir répliquer aux ténors de la critique qu'étaient alors Bertrand Poirot-Delpech, Matthieu Galey et Robert Kanters. J'enviais leur rhétorique, leur éloquence, leurs bons mots, souvent assassins, et je me sentais, en comparaison, illégitime. Comment pouvais-je seulement imaginer trouver ma place dans une émission que les joutes fameuses entre Jean-Louis Bory et Georges Charensol avaient rendue légendaire ? J'ai pourtant tenu bon, vaillant petit critique, trop consciencieux pour être brillant, trop attaché à l'écrit pour être beau parleur. Jusqu'au jour où Pierre Bouteiller, qui avait succédé à François-Régis Bastide pendant six ou sept ans, et auprès de qui j'avais continué à être chroniqueur dans l'émission, fut nommé directeur des programmes de France Inter. De but en blanc, il me demanda de le remplacer à la tête du *Masque et la Plume*. Son argument était simple et direct : je n'étais ni la meilleure voix à la tribune ni le plus éclatant des critiques, mais, ajouta-t-il, « tu es le seul vrai pluriculturel de l'équipe ». Mes fonctions à *L'Événement du jeudi* m'amenaient en effet à parler aussi bien de livres que de théâtre et de cinéma. Bref, je cochais les cases. Et j'ai dit oui, surtout après avoir reçu de Vienne, où il avait été nommé ambassadeur de France, un appel de François-Régis Bastide me disant : « Allez, fonce, c'est pour toi, et bonne chance ! », et puis un autre de Michel Polac, le cofondateur de l'émission, qui me lança un inoubliable « Bienvenue à la maison ! ». En somme, j'étais adoubé. Sans compter les encouragements complices de mon vieil ami Georges Charensol, auquel j'allais si souvent rendre visite dans son appartement du Quai aux fleurs, à Paris. Et pourtant, me croirez-vous, quand j'ai pris les manettes de l'émission et le micro d'animateur, je me suis encore dit que je n'étais pas vraiment fait pour ça… J'avoue n'avoir jamais eu de complexe dans le domaine de l'écrit, mais, pour l'oral, je reste encore persuadé que ce n'est pas mon moyen d'expression le plus naturel ni… le plus flatteur. Même si j'ai fait des progrès – avec le temps, je parle moins vite et je me ressemble davantage –, j'ai tendance à préférer la plume au micro. Presque trente-cinq ans d'animation du *Masque et la Plume* ont fini par avoir raison de mes dernières réticences et me donner, en animant cette émission, un plaisir physique et intellectuel que je ne pensais pas connaître.

Vous souvenez-nous de la première du Masque et la Plume *que vous avez animée en octobre 1989 ?*

Franchement non. C'est le trou noir. On me proposerait aujourd'hui d'en ressortir l'archive et de l'écouter que je dirais non merci. J'aurais trop peur de me décevoir.

Vous vous souvenez d'avoir été très intimidé la première fois que vous êtes entré dans le studio quand vous étiez l'un des critiques, mais pas de la première émission que vous avez animée.

À vrai dire, la timidité, presque maladive, c'était déjà de l'histoire ancienne. J'ai animé mon premier *Masque et la Plume* au studio Charles Trenet de la Maison de la Radio, sans aucune gêne, pour la simple et bonne raison que j'y figurais comme critique depuis longtemps et que je connaissais tous les intervenants, qui étaient pour la plupart des amis. Et puis, je vais vous dire la vérité, à 30 ans et des poussières, quand j'ai repris l'émission, j'étais vacciné. C'est le grand avantage de faire, très tôt dans sa vie, trois heures de direct à la télévision chaque dimanche après-midi, et d'animer dans la foulée, toujours sur FR3, et en direct le dimanche soir, une émission littéraire, *Boîte aux lettres*. Cela vous immunise contre la gaucherie, cela finit par vous donner une manière de confiance en soi. Reste pour moi l'essentiel, c'est-à-dire l'art de la parole, que j'admire chez beaucoup, mais dont je ne me sens pas particulièrement gratifié.

Cette émission, Le Masque et la Plume, *a été créée un an avant votre naissance. Vous avez été auditeur avant d'en être critique et animateur puisque vous l'écoutiez adolescent. C'est ce que vous racontez dans* Nos dimanches soir. *Mais c'est donc l'émission la plus ancienne du service public. Comment expliquez-vous le formidable succès de cette émission et sa longévité ?*

D'abord, la naissance de cette émission était improbable. On la doit à un poète que j'aime beaucoup, Jean Tardieu – c'était l'époque heureuse où les poètes, qui ont du nez, pouvaient être à la tête d'une radio et l'inventer ! L'auteur de *Comme ceci comme cela* et d'*Un mot pour un autre* dirigeait alors le Club d'Essai de la RDF, la Radiodiffusion française. Il eut l'idée de marier la carpe et le lapin, c'est-à-dire François-Régis Bastide, qui animait une émission littéraire, et Michel Polac, qui animait une émission sur le théâtre. Et c'est ainsi que naquit, le 13 novembre 1955, *Le Masque et la Plume,* « le magazine public des lettres et du théâtre ». Le cinéma n'apparut dans l'émission que deux ans plus tard. Pourquoi magazine public ? C'était l'autre idée géniale de Tardieu : faire de cette émission un spectacle et l'enregistrer dans des théâtres, au Récamier, aux Noctambules, au Vieux-Colombier, à l'Alliance française, devant des centaines de spectateurs. Tardieu savait qu'une émission de critiques, fussent-ils talentueux, c'est un peu rébarbatif. Mais soumettre les prestations de ces critiques à l'avis, aux rires, aux applaudissements du public, c'est comme transformer une leçon du Collège de France en pièce de théâtre, je dirais même en vaudeville. Le dispositif de l'émission : des critiques face au public, et non face à eux-mêmes, bannit d'emblée tout ce que je déteste, l'entre-soi, la connivence des professionnels de la profession, l'autosatisfaction. C'est la raison pour laquelle le *Masque* a marché très fort dès ses débuts. Née dans la clandestinité du Club d'Essai et dans les théâtres de la Rive gauche, l'émission a rejoint en 1963 non seulement la Maison de la Radio, qui venait d'être construite et inaugurée par le général de Gaulle, mais aussi les ondes de France Inter, qui succédait à Paris Inter. Voici, selon moi, le secret du succès de l'émission. Elle est culturelle et populaire, je veux dire par là qu'elle incarne la belle expression de Jean Vilar : « l'élitaire pour tous ». C'est du spectacle vivant, et on y entend un son de vérité qu'on n'entend nulle part ailleurs. Tout le monde connaît le mot infaillible de Beaumarchais : « Sans la liberté de blâmer, il n'est point d'éloge flatteur », le *Masque* n'en finit pas de l'illustrer et de contrarier l'évolution générale de la critique, qui va de plus en plus vers l'eau tiède, le ronronnement, le consensus mou. Sans tomber dans les excès du *Masque et la Plume* des années 1970, où les chroniqueurs de l'émission rivalisaient de violence pour descendre un film, une pièce, un livre, on continue de penser qu'il est bon et sain de dire que le roi est nu, qu'un cinéaste s'est planté ou qu'un romancier a fait fausse route. Et quand ce ne sont pas les critiques qui le disent, ce sont les auditeurs dont, chaque semaine, je lis les lettres et les avis en début d'émission.

Regrettez-vous cette violence ?

Non, mais il en est resté un ton, un esprit, une intégrité. Aujourd'hui, *Le Masque et la*

Plume est la seule émission où l'on peut dire d'un livre qu'il est raté et pis que pendre d'une pièce ou d'un film qui arborent fièrement le label France Inter. Cette franchise, qui a fait la légende du *Masque*, est devenue indispensable aujourd'hui. Le monde culturel est trop gangrené par les partenariats et les compromissions. Et pourtant, il y a encore le dimanche soir à 20 heures un petit village d'Astérix où, autour du banquet, quatre olibrius disent la vérité, du moins leur vérité. Quitte à y ajouter, pour pimenter la soirée, une pincée de mauvaise foi. Et je vous rappelle que, dans la salle, le micro est ouvert et les spectateurs peuvent, quand ils le souhaitent, exprimer leur point de vue et contredire les critiques. C'est la vieille loi de l'émission : elle n'est pas enregistrée dans un studio fermé, qui est le royaume du compérage, mais dans un théâtre bondé, et l'on ne peut ni mentir ni tricher devant quatre cents personnes qui vous regardent, vous écoutent et, je dirais même, vous surveillent. Si vous dites « j'ai aimé un film » que vous n'avez pas aimé, elles le sentent tout de suite. La perpétuation de cet esprit critique dominical est l'unique raison de la longévité exceptionnelle de cette émission, dont l'auditorat ne cesse de rajeunir. Les 15-25 ans qui viennent me parler à la fin des enregistrements me le répètent : on vient parce qu'on en a marre du ronron consensuel de la critique qu'on entend ailleurs et, quitte à être en total désaccord avec vous, on aime votre sincérité, vos emportements et surtout votre passion.

La critique a changé, dites-vous. Le métier peut-être n'a pas changé. Pouvez-vous définir ce qu'est un critique ? Est-ce un passeur, un transmetteur qui doit donner le goût de lire, d'aller voir une pièce ou un film ?

Oui, la critique a changé, tout simplement parce qu'elle n'a cessé de perdre, dans les journaux, la place qui lui était dévolue, et donc son pouvoir prescripteur. Il n'y a plus de grands feuilletonistes – souvenez-vous du feuilleton sur les livres de Bertrand Poirot-Delpech dans *Le Monde* ou de celui de Jean-Jacques Gautier sur le théâtre dans *Le Figaro*. Désormais, la plupart des articles critiques sont réduits comme peau de chagrin et ont la taille de petits encadrés. C'est dommage car le rôle du critique est essentiel. Pour moi, c'est un passeur, un entremetteur. J'ai toujours rêvé, dans mon métier de journaliste, d'appliquer le principe qui fondait le TNP, le Théâtre national populaire de Jean Vilar : faire venir aux plus grands textes (de théâtre) le plus grand nombre. Il disait que la culture, « ce n'est pas ce qui reste quand on a tout oublié, mais au contraire ce qui reste quand on ne vous a rien enseigné ». Il montait *Le Cid* ou *Lorenzaccio* non pas pour ceux qui savent, ceux qui ont eu le privilège de grandir dans les salles de théâtre, mais pour ceux qui ne savent pas et qui vont découvrir, grâce à lui, la pièce de Corneille et celle de Musset. Vilar disait aussi : « Expliquer, donner à voir et à comprendre, persuader, entraîner, séduire et, en définitive, donner la vie, c'est le destin même de notre métier. » Je sais que je place la barre très haut, mais la belle ambition vilarienne devrait être, selon moi, l'idéal de tout critique. Dans mon travail personnel et dans mes livres, je procède modestement de la même logique. En écrivant *Pour Jean*

Prévost, je ne voulais pas seulement réhabiliter le résistant du Vercors, je voulais aussi qu'on découvre et qu'on lise l'auteur, totalement oublié, de *La Création chez Stendhal*. D'ailleurs, après la sortie de mon livre, presque tous les titres de Prévost ont été réédités. On ne connaissait pas davantage Jacques Lusseyran, cet écrivain et résistant aveugle, lorsque j'ai publié *Le Voyant*, dont le succès a permis la publication, dans la collection de poche Folio, de deux livres majeurs de Lusseyran, *Et la lumière fut* et *Le monde commence aujourd'hui*, qui ont eu un très grand retentissement. C'est ce que j'aime le plus dans mon métier d'écrivain ou de critique : faire lire des oubliés ou des négligés, conduire des lecteurs qui me font confiance vers Georges Perros, Jean de La Ville de Mirmont et tant d'autres encore... Au *Masque et la Plume*, je suis toujours ému par les auditeurs qui m'écrivent avoir découvert tel film iranien, tel premier roman, telle pièce donnée dans un petit théâtre après nous avoir écoutés. Passer l'actualité culturelle en revue n'a aucun intérêt si on ne le fait pas d'abord pour en sortir des pépites et les offrir au grand public.

Je m'adresse à l'écrivain que vous êtes aussi : quel est votre rapport aux critiques quand vous écrivez des livres ? Est-ce que vous lisez et écoutez des critiques sur vos propres livres ? Comment prenez-vous les critiques négatives ?

S'il y a bien quelqu'un qui comprend la critique négative, c'est moi. Je la trouve non seulement légitime, mais je trouverais suspect qu'il n'y en ait pas. Mais soyons tout à fait honnête, je ne suis pas un romancier d'imagination, j'en suis incapable. Parler d'un de mes livres, c'est d'abord parler de Gérard Philipe, de Jean Prévost, de Jean de La Ville de Mirmont ou de textes très intimes et personnels sur mes disparus qui prêtent moins le flanc à la critique qu'un roman dont l'auteur rêve d'avoir le prix Goncourt ou d'entrer à l'Académie française. Deux ambitions qui ne m'effleurent même pas.

Vous avez aussi été juré de plusieurs prix littéraires, dont celui du Renaudot de 2011 à 2020, date à laquelle vous avez démissionné dans un contexte marqué par l'affaire Matzneff[1] *et par un manque de diversité dont vous avez dénoncé, je vous cite, « l'aberrante constitution d'un jury à 90 % masculin ». Le monde littéraire est un milieu que vous n'aimez pas beaucoup fréquenter.*

Je dirais même que c'est un milieu que je ne fréquente pas du tout. C'est aussi le prix de ma liberté. Je n'ai de comptes à rendre à personne. Il y a quelques années, j'ai pris encore plus de distance en démissionnant, en effet, du prix Renaudot et, par la même occasion, du prix Delluc, considéré comme le « Goncourt du cinéma ». Ces petits jeux de jurys ne m'intéressaient plus. D'autant que, au même moment, je passais le plus clair de mon temps auprès de ma mère malade, qui était ma priorité et rendait pour moi le spectacle de la vie littéraire insignifiant. Pour ce qui est du Renaudot, je ne peux m'en prendre qu'à moi-même. Je suis doublement

1. En 2020, le livre de Vanessa Springora, *Le Consentement* (Grasset), révélait l'emprise qu'a exercée l'écrivain Gabriel Matzneff sur elle alors qu'elle était âgée de 14 ans et lui 50. Le livre a provoqué une déflagration dans le monde de l'édition.

fautif. D'abord d'avoir accepté de siéger plusieurs années dans un jury composé de neuf hommes et d'une femme. Comment ai-je pu être aveugle au point de trouver normale une telle absence de parité, d'équité? Je ne sais pas. Ensuite, j'ai accepté de rester dans un jury qui avait donné, à sept voix contre trois (dont la mienne), son prix de l'essai à un livre de Gabriel Matzneff. Certes, je m'y étais opposé, mais en vain. N'empêche, j'aurais dû démissionner et je suis resté. Finalement, en partant, j'ai mis ma conscience au propre. Je me suis lessivé. Et je me suis senti léger. Bientôt, je vais rendre les rênes du *Masque et la Plume* en même temps que je vais abandonner la direction des pages culturelles de *L'Obs*. Et cela va encore ajouter à ma légèreté, à ma liberté.

Une manière de prendre le temps aujourd'hui ou un sentiment d'urgence qui grandit?

Oui, sentiment d'urgence, très fort quand la vie de certains miens a été si brève, sentiment peut-être aussi d'avoir fait mon temps.

Je continuerai évidemment à écrire dans les journaux, j'aime trop ça, mais quand on a commencé comme moi à 19 ans et qu'on en a 66, il faut savoir laisser sa place. De la même manière que je voulais quitter le Renaudot pour y être remplacé par une femme, je pense que ce serait bien que je sois remplacé à la tête du *Masque et la Plume* par une femme, qui soit plus jeune que moi. La doyenne des émissions de radio doit se tourner vers l'avenir, et j'appartiens déjà au passé. Je veux laisser à la génération qui vient le soin d'exercer son propre talent. Et puis j'ai besoin, désormais, de consacrer du temps à ma famille, ma femme, mes enfants, mes petits-enfants, à moi aussi, et de trouver celui d'écrire sans être constamment sur la brèche.

Est-ce qu'il n'y a pas malgré tout une forme de mélancolie dans la conversation souterraine que vous entretenez avec et entre les personnages ?

Oui, c'est un état mélancolique profond qui est aussi peut-être un de mes défauts. Je suis très attaché au passé, trop diront certains. Et je ne me vois pas vivre dans l'avenir sans m'appuyer davantage encore sur le passé. De la même manière que je crois à la présence des morts, je crois à cette conversation, dont a si bien parlé le philosophe Alain, entre ceux qui sont partis et ceux qui leur survivent : « Les morts, écrivait-il, veulent vivre en nous. » J'aime beaucoup aussi ce beau mot de Paul Valéry, dans son éloge d'Anatole France : « Les morts n'ont plus que les vivants pour ressource. Nos pensées sont pour eux les seuls chemins du jour. » C'est ma nature, elle ne changera jamais. Et je suis aussi heureux quand je sors de l'oubli un aveugle ou un résistant du Vercors. C'est aussi peut-être la raison pour laquelle, en vous disant tout cela, je m'explique à moi-même pourquoi je ne serai jamais un romancier d'imagination, ni d'anticipation. La vérité c'est que ça ne m'intéresse pas. Pas plus que de savoir, et tant pis si je choque, ce que sera la vie en 2049 ou le monde en 2075. Ce qui m'intéresse, c'est de me prouver chaque jour que je suis fidèle à mes idées, à ceux que j'admire et que j'ai aimés, et que jamais je ne les trahirai.

Parlons de l'avenir, de vos trois enfants : Gabriel, Jeanne et Clément. Vous écrivez à la fin de Théâtre intime *: « Il n'est pas une ligne de mes livres que je n'ai écrite pour eux, sans penser à eux. » Je voudrais lire ce qui précède ces quelques lignes parce que cela nous ramène au début de nos entretiens : « Mais quel besoin ai-je, moi, dont la nature et l'éducation reposent jusqu'à la maladresse et l'excès de rigidité, sur la pudeur, l'impénétrabilité, le goût du secret, la détestation de l'épanchement, le mépris des m'as-tu-vu, l'instinctive méfiance et même la gêne devant toute manière de logorrhée, quel besoin ai-je de raconter ce qui en vérité ne regarde personne ? D'où me vient cette facilité à donner sur le papier ce que je refuse à la vie, cet empressement à faire tomber mes digues l'une après l'autre, à briser mon propre et savant système de protection ? » Ma question va être abrupte, mais je vous la pose évidemment avec le sourire. Qu'est-ce qui vous a pris d'accepter ces entretiens avec moi ?*

Je vais vous dire la vérité : d'abord, j'aime beaucoup *À voix nue*, dont je suis un auditeur, et puis je me suis rendu compte que, pourvu que je sois en confiance, parler me faisait un bien fou. C'est aussi une manière, très douce, de me maltraiter. Il est vrai que ma tendance serait de me taire, de ne pas parler aussi longuement, ne serait-ce que parce que j'ai peur soit d'embêter les autres, soit de mal parler de moi. Et finalement, je me rends compte que ce n'est peut-être pas une thérapie, mais ça s'en approche. Ce que l'on vient de faire, vous et moi, sans préparation puisque je ne savais pas ce que vous alliez me demander, m'aide aussi à faire le point sur moi-même à un moment où je m'apprête à m'éloigner de tout ce qui a constitué ma vie professionnelle : les journaux et la radio. J'aime bien aussi l'idée, grâce à vous, de laisser sur les ondes, et aujourd'hui dans un livre, une petite trace. En équitation, le rassembler est l'attitude du cheval qui lui permet d'effectuer, en dressage, des exercices de haute école. Disons que, en me mettant à nu dans *À voix nue*, je me suis un peu rassemblé. Je vous le dois. Merci à vous, donc.

Table

DU MÊME AUTEUR

Récits

LA CHUTE DE CHEVAL, Gallimard, 1998 (prix Roger Nimier). Folio, n° 3335, édition augmentée. La Bibliothèque Gallimard, n° 145, présentation et dossier de Geneviève Winter.

BARBARA, CLAIRE DE NUIT, La Martinière, 1999. Folio, n° 3653, édition augmentée. Gallimard, 2017, nouvelle édition augmentée.

THÉÂTRE INTIME, Gallimard, 2003 (prix Essai France Télévisions). Folio, n° 4028, édition augmentée.

BARTABAS, ROMAN, Gallimard, 2004 (prix Jean Freustié). Folio, n° 4371, édition augmentée.

SON EXCELLENCE, MONSIEUR MON AMI, Gallimard, 2008 (prix Prince Pierre de Monaco; prix Duménil). Folio, n° 4944, édition augmentée.

OLIVIER, Gallimard, 2011 (prix Marie-Claire). Folio, n° 5445, édition augmentée.

LE SYNDROME DE GARCIN, Gallimard, 2018 (prix Humanisme et médecine). Folio, n° 6706.

MES FRAGILES, Gallimard, 2023.

Romans

C'ÉTAIT TOUS LES JOURS TEMPÊTE, Gallimard, 2001 (prix Maurice Genevoix). Folio, n° 3737.

LES SŒURS DE PRAGUE, Gallimard, 2007. Folio, n° 4706.

L'ÉCUYER MIROBOLANT, Gallimard, 2010 (prix Pégase Cadre noir). Folio, n° 5319.

BLEUS HORIZONS, Gallimard, 2013 (Grand prix Henri Gal de l'Institut de France; prix François Mauriac; prix Jean

Carrière ; Grand prix de l'Académie nationale de Bordeaux ; prix des Romancières). Folio, n° 5805.

LE DERNIER HIVER DU CID, Gallimard, 2019 (prix des Deux Magots ; prix Jean Bernard de l'Académie de médecine). Folio, n° 6924. CD : collection « Écoutez lire », lu par Anne-Marie Philipe.

Essais

POUR JEAN PRÉVOST, Gallimard, 1994 (prix Médicis Essai ; Grand prix de l'Essai de la Société des gens de lettres). Folio, n° 3257.

LITTÉRATURE VAGABONDE, Flammarion, 1995. Pocket, n° 10533, édition augmentée.

PERSPECTIVES CAVALIÈRES, Gallimard, 2003 (prix Pégase de la Fédération française d'équitation). Folio, n° 3822.

LES LIVRES ONT UN VISAGE, Mercure de France, 2009. Folio, n° 5134, édition augmentée.

GALOPS, PERSPECTIVES CAVALIÈRES II, Gallimard, 2013. Folio, n° 5622.

LE VOYANT, Gallimard, 2015 (prix littéraire de la Ville de Caen ; prix Nice Baie des Anges ; prix Relay des voyageurs ; prix d'une vie Le Parisien-Magazine ; prix Robert Joseph des écrivains combattants). Folio, n° 6115, édition augmentée. Folio+ Collège, n° 27, présentation et dossier de Marianne Chomienne. CD : collection « Écoutez lire », lu par Laurent Poitrenaux.

NOS DIMANCHES SOIR, Grasset, 2015. Folio, n° 6375.

Journal

CAVALIER SEUL, Gallimard, 2006. Folio, n° 4500, édition augmentée.

Correspondance

FRATERNITÉ SECRÈTE, CORRESPONDANCE JACQUES CHESSEX-JERÔME GARCIN, Grasset, 2012.

Beaux-livres

À LA RECHERCHE DU CENTAURE, dessins de Jean-Louis Sauvat, Éditions du Contrefort, 2019.

ALULA EVER, Assouline Publishing, New York, 2023.

Dialogues

ENTRETIENS AVEC JACQUES CHESSEX, La Différence, 1979.

SI J'OSE DIRE, ENTRETIENS AVEC PASCAL LAINÉ, Mercure de France, 1982.

L'ÉCOLE BUISSONIÈRE, ENTRETIENS AVEC ANDRÉ DHÔTEL, Pierre Horay, 1983.

DE MONTMARTRE À MONTPARNASSE, ENTRETIENS AVEC GEORGES CHARENSOL, François Bourin, 1990.

Direction d'ouvrages

DICTIONNAIRE DE LA LITTÉRATURE FRANÇAISE CONTEMPORAINE, François Bourin, 1988. Édition augmentée : DICTIONNAIRE DES ÉCRIVAINS CONTEMPORAINS DE LANGUE FRANÇAISE PAR EUX-MÊMES, Fayard-Mille et une Nuits, 2004.

LE MASQUE ET LA PLUME, avec Daniel Garcia, Les Arènes, 2005 (prix du Comité d'histoire de la radiodiffusion). 10/18, n° 3859.

NOUVELLES MYTHOLOGIES, Le Seuil, 2007. Points-Essais, n° 661.

LES MEILLEURS ZEUGMAS DU MASQUE ET LA PLUME, illustrations de Jochen Gerner, Gallimard, 2016. Folio entre guillemets, n° 14.

Reproduit et achevé d'imprimer
par Normandie Roto Impression s.a.s.
en décembre 2023.
Numéro d'imprimeur : 2305449

Imprimé en France.